低調不是示弱

不露聲色表現自己

高明做人的63條精華法則，有能力到哪都會被重用

王郁陽、任學明　著

懂得做人的手腕，會讓你與眾不同

- 隱密實力，攻其無備
- 示弱也是一種力量
- 不露聲色表現自己
- 在批評中加點糖

目錄

目錄

第3章 攻心為上，不戰而勝

目錄

第4章 隨機應變，與時俯仰

目錄

前言

手腕：會讓你與眾不同

在這個經濟起飛、知識爆炸、人際關係錯綜複雜的年代裡，頭腦聰明並不是你做人的唯一資本。

許多人都在哀歎著「做人難」。而且面對不測的人性，面對無常的生命，的確有不少人畏懼了，退縮了。難道做人果真如此難嗎？

同樣為人，一樣的頭腦，在人際關係中，為什麼有的人如魚得水，而你卻呼吸困難？有的人遊刃有餘，而你卻舉步維艱？有的人一次又一次的戴上了成功的花環，而你卻一次又一次跌進了失敗的深淵？為什麼？為什麼？其實這僅僅只是因為你不懂做人的手腕。

做人是一門藝術，是一個說不完的話題。在生活中，那些春風得意的人都是做人的高手，他們之所以在做人方面有成就，完全得益於他們知道了人生的奧妙，懂得做人的手腕。

縱觀古今，博覽中外，我們不難發現，不論是政壇精英，還是商界鉅子；不論是高官賢達，還是市井百姓，那些能成就一番事業的人，都是做人有手腕的人，也同樣是一個成功的人。

所以，做人就要修身立德，在德上站得住腳；做人要講規則，這樣會讓你的人格更完美；做人要會玩技巧，這樣才能做到待人圓融，辦事妥當；做人更要有本事，獲得自下而上的競爭之本，做人還要有健康的體魄，是你做人做事之根本，所以做人是德與智的綜合考量，是體與能的全面較量，是方與圓的完美統一。

做人要有「手腕」，並不是為了達到某種目的而不擇手腕出「黑招」，也不是為了功成名就，而在別人背後使「暗器」。所謂的「手腕」，就是做人要講規則，熟諳與人相處的學問「手腕」是做人的一種策略，一種技巧，一種方法。

做人靠手腕是亙古不變的鐵律！做人要想成功，就要學會運用手腕！做人靠「手腕」，手腕讓事情由難變易，沒有手腕四處碰壁。有手腕會讓你燦爛終身，有所作為；無手腕會使你平庸一生，無所作為。

做人不能沒有手腕。沒有手腕，就等於缺少了最有力的武器，你就不知道一件事情該怎樣做才最正確、怎樣做才最有效，那麼，你將永遠與成功無緣。

本書從不同的角度分析闡述了做人的方法和技巧，揭示出一個全新的做人理念，幫助你在最短的時間內掌握左右逢源、馬到成功的做人本領，從而能帶給你意想不到的收穫，讓你避免掉入人生陷阱，少走彎路，在越來越複雜的社會裡站穩腳跟、左右逢源、一帆風順的走好人生的道路。

第1章　大智若愚，贏在糊塗

大智若愚，不是故意裝瘋賣傻，不是故意裝腔作勢，也不是故作深沉，故弄玄虛，而是待人處事的一種手腕，一種態度。糊塗是一種素養，只有「糊塗」才能不糊塗；能糊塗得恰到好處，那才是真聰明。寧裝作不知道而不去做，也不假裝知道而輕舉妄動。沉著冷靜，不露玄機，這就如同《易．屯》卦中所說的：雷電在冬季積聚不動。

1　精明不外露

自古將帥在沙場上統領千軍萬馬，可他們事奉君王，從來就有伴君如伴虎之說，可見其危險之大，稍不注意就要惹來殺身之禍，而有識之士是盡量避免這種結局的。

衛青是西漢時的名將，他以知禮退讓、謙虛謹慎的品德而獲得漢武帝的信任，從而能夠善始善終，明哲以保身。

衛青曾多次大敗匈奴，使長期侵擾北方疆土的匈奴聞風喪膽，不再有力量入侵漢朝。他可謂功高名震。然而在這樣的功勞和榮譽面前，衛青始終保持著清醒的頭腦，一點也不驕傲。

在衛青統領部隊大戰漠南，重創匈奴右賢王后，衛青對屬下有功之將，上報武帝對他們按功行賞。武帝在賜予衛青八千七百戶食邑的同時，封衛青的三個兒子為列侯。衛青卻再三推辭，堅決不受。後來武帝按照衛青的意見，對這次跟隨衛青作戰有功的將士按功封了爵位。衛青因自己淡泊名利，關懷將士，將士都樂意跟隨衛青轉戰疆場。因此，衛青所率的軍隊戰鬥力非常強。

作為一個臣子、將領，其職責就是奉行君王法令，忠於職守，不應該私自招人養才。衛青是深知這一點的，他為人謙和，禮賢下士，很注意團結同事部屬，但是他卻不結黨營私，培植個人勢力。

衛青的這種做法，可以說是非常明智的，他所以能夠長期擔任要職而不被皇帝猜疑，是跟他能夠明哲以保身有關的。

樹大招風。在大功重賞面前，或身居高位之後，更要善於「藏巧」，切莫鋒芒太露、妄自尊大，以免功高震主，引火焚身。

「精明」這個詞，在上海話中另有一個相對的字眼叫「門檻」，上海人對處事精明過人者往往稱之為「門檻精」。反之，則是「門檻不精」。然而，何謂「門檻精」，又很難有一個客觀的標準。與此同時「精明」而不聰明又是不少外地人對一部分上海人的評價。然而，這種不聰明的「精明」，實在算不上是真正的精明。

那麼，什麼是真正的精明呢？

外相敦厚，對人處世絕不以精明自居，甚而讓人感覺有些傻乎乎，但骨子裡卻是十分精明者。這種人，往往讓人產生一種高度的信任感。這種精明，是最高層次的精明，所謂「精明不外露」，以及「大智若愚」，就是這個意思。

有一個愣頭愣腦的流浪漢，常常在一個市場裡走動。市場裡有很多賣菜的，還有賣水果的，一天人來人往的，有很多人。由於那個流浪漢經常來這裡，說起話來總帶一些傻氣，大家都以為他是傻瓜，因此很喜歡與他開玩笑，並且想出不同的方法捉弄他。

市場裡常常有一些人想看他到底傻到什麼程度，於是便在手上放了兩張錢幣，一個五元的和一個十元的，讓流浪漢來挑一個拿走。流浪漢對著這兩張錢幣，思考了半天，最後選擇了五元的拿走。

那些捉弄他的人，看到他竟然傻到連五元和十元都分不清楚的程度，大家都捧腹大笑。從此，那些人只要每次看他經過，都用這個手法來取笑他，而他倒覺得也很開心，能夠見到大家笑，他以為是件非常高興的事情。於是，每次讓他挑錢幣的時候，他從未讓大家失望過，每次都會拿走五元的。

過了一段時間，一個善良的老婦人看他可憐，每次都被人欺負，便決定幫他，就叫住他說：「我教你怎樣區分五元和十元，以後他們再取笑你，你就拿十元的讓他們看看。」

流浪漢露出狡黠的微笑對老婦人說道：「不，謝謝您，我知道怎麼區分，我如果拿十元的話，他們下次就不會再讓我挑選了。」

老婦人聽到他的話才知道：他並不傻，而是那些人傻。

一個人擁有高智商、能力強，固然是件好事，可以說，這是上天賜予的良好天賦。有了它，便可以在競爭社會中如魚得水，遊刃有餘。

然而，由於事物的複雜多樣，環境的不斷變異，在某些時候，利與弊會不知不覺轉換。這樣，就要求我們必須隨時以清醒的頭腦注意了解自己，掌握對方和周圍環境，衡量你的利和弊，而不是一味以一般的經驗辦事。

當你新進入一個機關，一切都是嶄新而陌生的，這一階段你最關鍵的任務並不是創出什麼大的成績來，而是要實現與主管和同事的人際磨合，為其所容納。你莫要把力氣用錯了地方。只有先站得住腳，你才能夠談得上做事業。

要知道，主管往往喜歡謙虛的下屬，而不喜歡愛表現自己的下屬。下屬如果急於表現自己，會讓主管覺得你好出風頭、有個人主義傾向，不利於部門內部的團結和穩定，因而他肯定不會支持你。此外，急於表現自己，往往會使你得罪同事，由於主管要依靠這些熟悉情況的人做事，他也會照顧一下他們的感受，他很可能會批評你，給你一些小的教訓，作為警示。

初來乍到，你不要過度表現自己的言行。你的目的是顯而易見的，那就是使自己顯得比別人更能幹、更高明，但這只會增加同事的威脅感，聯合起來對付你，使你陷於孤立窘境，甚至是在主管面前說你的壞話。

獨立的見解是一個人膽識、經驗、能力和態度的綜合反映，主管決策時很希望下屬出謀劃策，想出一些「點子」借他參考。當然，這些見解並不一定被採納，但它至少可以啟發主管的思路，幫助主管修正他的決策。你要恰如其分的發表自己的獨立見解，只有這樣，主管才能重視你。而對有明顯缺陷的主管，積極配合其工作是上策。

有些主管原來基礎就較差，專業知識不精。這樣的主管，在下屬心目中的位置並不高，但對下屬的反映卻格外敏感。你不妨抓住主管的這一弱點，借鑑他多年的工作經驗，以你的才幹彌補其專業知識的不足，在服從其決定的同時，主動獻計獻策，既積極配合主管工作，表現出對主管的尊重，又能適當展現自己的才華。

一般情況下，主管的注意力更多的集中於才華出眾的「精英」型下屬身上，他們服從與否，直接決定主管的決策執行水準和品質。所以，如果你真有能力，正確的方法不是無視主管，而應認真去執行主管交辦的任務，妥善的彌補主管的失誤，在服從中顯示你不凡的才智，這樣，你就獲得了優於他人的優勢。

剛上任，往往缺乏必要的社會經驗和工作閱歷，許多事情還不知道、不明白或看不破、看不準，因此，你急於表現自己的行為只能顯示自己的不成熟，並不能產生懾服眾人的效果。甚至你的某些自鳴得意的小花招也逃不過主管的眼睛。

記住，必須把處理好人際關係放在一個十分優先的地位，而對工作只要盡心盡力即可。這是做人的手腕。

保存你的能量是一種藏巧。在大多數的情況下，才不可露盡，力不可使盡。即若有知識，也應適當保留，這樣，你會加倍的完善。永遠保存一些應變的能力。適時救助比全力以赴更值得珍貴。人若有這樣的手腕總能穩妥的駕馭航向。

- **智慧經：**

藏巧是一種做人手腕。

善於藏巧是致勝的關鍵。

不懂得藏巧，即使能力再強、智商再高也難以戰勝對手，甚至還會招來殺身之禍。

2 聰明反被聰明誤

如果你能順利看透對方的本意，事情是不是就算完了呢？不，雙方的鬥智這時才真正開始。能透視對方的內心，只不過使你得到一種有利武器罷了，更重要的是，你要如何使用抓在手中的這把利器？如果不懂得使用的方法，只知道手拿利器亂揮亂舞，不但不能擊中別人，相反的很有可能傷害到自己，因此切勿亂用這把容易傷人的利器。

三國時期，楊修在曹操手下任主簿，起初曹操很重用他，但楊修卻不安分起來。

有一次有人送給曹操一盒酥糖，曹操吃了一些，就又蓋好，並在蓋上寫了一個「哈」字，大家都弄不懂這是什麼意思，楊修見了，就拿起匙子和大家分吃，並說：「這『合』字是叫人各吃一口啊，有什麼可懷疑的！」

還有一次，建造相府，才造好大門的構架，曹操親自來察看了一下，沒說話，只在門上寫了一個「活」字就走了。楊修一見，就令工人把門造窄些。別人問為什麼，他說門中加個「活」字不是「闊」嗎，丞相是嫌門太大了。

總之，楊修其人，有個毛病就是不看場合，不分析別人的好惡，只管賣弄自己的聰明。當然，光是這些也還不會出什麼大問題，誰想他後來重竟漸漸地攪和到曹操的家事裡去了。

在封建時代，統治者為自己選擇接班人是一個極為嚴肅的問題，而那些有希望接任者，也不管是兄弟還是叔侄，簡直都紅了眼，所以這種鬥爭往往是最凶殘、最激烈的。但是，楊修卻偏偏不識時務的擠進這場危險的賭博裡去，而且還忘不了時時賣弄自己的小聰明。

長子曹丕和三子曹植都是曹操選擇繼承人的對象。曹操經常要試探曹丕、曹植的才幹，經常拿軍國大事來徵詢他們的意見，楊修就替曹植寫了十多條答案，曹操一有問題，曹植就根據條文來回答，因為楊修是相府主簿，深知軍情，曹植按他寫的回答當然每事必中的，曹操心中難免又產生懷疑。後來，曹丕買通曹植的隨從，把楊修寫的答案呈送給曹操，曹操氣得兩眼冒火，憤憤的說：「匹夫安敢欺我耶！」於是開始找機會要除掉這個不識相的傢伙了。

結果，機會果然來了，建安二十四年（西元二一九年），劉備進軍定軍山，他的大將黃忠殺死了曹操的膀臂夏侯淵，曹操親自率軍到漢中來和劉備決戰，但戰事不利，要前進害怕劉備，要撤退又怕被人恥笑。一天晚上，護軍來請示夜間的口令，曹操正在喝雞湯，就順便說了「雞肋」，楊修聽到以後，便又要起自己的小聰明來，居然不等上級命令，只管教隨從軍士收拾行裝，準備撤退。曹操知道以後，他竟說：「魏王傳下的口令『雞肋』，可雞肋這玩意，棄之可惜，食之無味，正和我們現在的處境一樣，進不能勝，退恐人笑，久駐無益，不如早退，所以才先準備起來，免得臨時慌亂。」曹操差點把腦血管氣炸，大怒：「匹夫怎敢造謠亂我軍心！」於是喝令刀斧推出斬首，並把首級懸掛在大門之外，以示不聽軍令者。

雖然曹操事後不久果真退了兵，但平心而論，楊修之死也確實罪有應得。你想兩軍對壘，是何等重大之事，怎麼能根據一句口令，就賣弄自己的小聰明，隨便行動呢？無論有沒有前面所說的那些芥蒂，單這一點也足以說明楊修其人是恃才傲物，我行我素，只相信自己，不考慮事情後果的。楊修的這種做人手腕，確實值得考慮，我們只應把他作為前車之鑒，切不可把他當成聰明楷模。

對於自信心十足，甚至有些自負的人，不要直接談到他的計畫，可以提供類似的例子，從暗中提醒他。

要阻止對方進行危及大眾的事情時，需以影響名聲為理由來勸阻，並且暗示他這樣做對他本身的利益也有害。

想要稱讚對方時，要以別人為例子，間接稱讚他；要想勸諫時，也應以類似的方法，間接進行勸阻。

對方如果是頗有自信的人，就不要對他的能力加以批評；對於自認有果斷力的人，不要指摘他所做的錯誤判斷，以免造成對方惱羞成怒；對於自誇計謀巧妙的人，不要點破他的破綻，以免對方痛苦難過。

說話時考慮對方的立場，在避免刺激對方的情況下發表個人的學識和辯才，對方就會比較高興的接受你的意見。

不用多說大家也會知道，以上的進諫方法，適合於下級對上級，也可似適用於一般的人際關係。如果能夠站在對方的立場，替他考慮分析的話，那麼你就可以真正取得對方的信任。

總而言之，當自己看穿對方心意之後，千萬不要露出破綻，裝作不知道，讓一切計畫進行得很自然，這樣才能使自己保全性命。

齊國一位名叫隰斯彌的官員，住宅正巧和齊國權貴田常的官邸相鄰。田常為人深具野心，後來欺君叛國，挾持君王，自任宰相執掌大權。隰斯彌雖然懷疑田常居心叵測，不過依然保持常態，絲毫不露聲色。

有一天，隰斯彌前往田常府第進行禮節性的拜訪，以表示敬意。田常依照常禮接待他之後，破例帶他到邸中的高樓上觀賞風光。隰斯彌站在高樓上向四面瞧望，東、西、北三面的景致都能夠一覽無遺，唯獨南面視線被隰斯彌院中的大樹所阻礙，於是隰斯彌明白了田常帶他上高樓的用意。

隰斯彌回到家中，立刻命人砍掉那棵阻礙視線的大樹。

正當工人開始砍伐大樹的時候，隰斯彌突又命令工人立刻停止砍樹。家人感覺奇怪，於是請問究竟。隰斯彌回答道：「俗話說『察見淵魚者不祥』，意思就是能看透別人的祕密，並不是好事。現在田常正在圖謀大事，就怕別人看穿他的意圖，如果我按照田常的暗示，砍掉那棵樹，只會讓田常感覺我機智過人，對我自身的安危有害而無益。不砍樹的話，他頂多對我有些埋怨，嫌我不能善解人意，但還不致招來殺身大禍，所以，我還是裝著不明不白，以求保全性命。」

當一個人看透對方心意後，要決定採取何種行動，是相當困難的，其困難的程度或許更甚於透視對方心意。所以做人的手腕，當以明白自己該怎麼做為第一大要，否則就會糊塗行事，不但辦不成事，而且還會增添更多的麻煩。按照成功學的原理，為人處世必須牢記「明白」兩字，才能明察秋毫，判斷是非。否則眼前就會被「迷霧」籠罩。

現代的人心透視術也正要注意此點，不要讓對方發覺你已經知道了他的祕密，否則完全失去了透視人心的意義。不過，如果故意要使對方知道你能看穿他心意的話，當然就不在此限之內。

辛苦得到的透視人心武器，究竟應該如何運用？這要視各人的立場來決定。例如：

對方自以為得意的事情，我們要盡量加以讚揚；對方有可恥事情的時候，要忘掉不提。

當對方因為怕被別人議論為自私而不敢放手去做的時候，應該給他冠上一個大義名分，使他具有信心放手去做。

- **智慧經：**

聰明過了頭，自然是會被聰明誤。

有些人屬於假聰明，卻並不自知，其結果可想而知。凡事三思而行，總會得益良多。

3　誠實，是一種睿智

現實生活中，人們常常把智慧的桂冠送給那些喜歡耍小聰明和小手腕的人，而對那些心地誠實、辦事規矩的老實人，往往以「死腦筋」稱之，因而使許多老實人產生了自卑心理，以為自己真的缺少智慧，在如何為人處世上陷入困惑。

在「老實的人吃虧」、「老實就是無用的代名詞」這種社會偏見的籠罩下，你可能曾經也為誠實付出過代價，但請你相信那些自以為聰明，自以為得意一時，愛騙人的偽君子，最終會被淘汰。可以試想一下，當別人向我們表示信任時，我們想要回報對方的願望幾乎是無法控制的。

小郝的表妹從鄉下來到城裡找工作，她對小郝說：「姐，我沒有學歷也沒有什麼工作經驗，恐怕是沒人要我吧？」小郝想了想，告訴表妹：「求職是需要技巧的，你不能實話實說，面試時撒點小謊也是可以的。」說完，塞給了表妹幾本《求職技巧大全》、《成功面試一百零八例》之類的職場指導類圖書，讓她參考參考，對求職或許會有幫助。

一天，小郝去表妹租住的房間，竟然看到送給她的書連翻都沒翻過。便隱隱的為表妹擔心，怕她在激烈的求職競爭中敗下陣來。

可是，沒幾天，表妹竟然興高采烈的來找小郝。原來，表妹找到了好工作，在市內知名外資公司擔任產品推廣員。推廣員的工作便是在市區或居民區發放小禮品，並回收市場調查表。因為公司派出的小禮品吸引力比較大，所以該職位工作輕鬆。

不知道一無學歷、二無工作經驗的表妹，是如何被百裡挑一選中的。小郝自然關心起表妹成功求職的經過。表妹也毫不隱瞞，她告訴小郝，她沒有帶履歷或學歷，也沒像其他求職者漫無邊際的渲染自己的能力。表妹非常坦白告訴面試的主考官，來自鄉下的她幾乎是一張白紙，有的只是誠實的個性和不怕吃苦的精神，更重要的是也不敢不努力，因為口袋裡的生活費已經不夠了。

主考官並沒「嫌棄」表妹這個鄉下妹子，而是在會心一笑後說：「你是唯一一個誠實面試的求職者，沒粉飾自己的過去也不隱瞞自己的現在。誠實是一種不可或缺的力量，這是你最大的財富。恭喜你，三天後來報到上班吧！」

也是一個求職的故事，不同的結果卻告訴了我們相同的道理。

一名在德國留學的學生，畢業時成績優異，但他在德國四處求職，卻被很多家大公司拒絕，後來他只好選了一家小公司去求職，沒想到仍然被拒。而各個公司都不願聘用他的原因是：他有三次搭乘公共汽車逃票被捉的記錄！在德國抽查逃票一般被查到的機率是萬分之三，這位高材生居然被抓住三次逃票，在嚴肅嚴謹的德國人看來，大概那是永遠不可饒恕的。

老實人看似缺少所謂的「智慧」，實際上，才是真正的大智慧。古人教我們的「大智若愚，大巧若拙」，也就是這個道理。誠實是人能保持的最為高尚的品行。

誠信是一種最好的能力，因為它能贏得別人的信賴，而信賴恰恰是現代社會獲得成功的最好潤滑劑。以誠實和善良待人，送出的是溫暖，給自己帶來的是幸福。除了天資、信仰、資訊、人際關係外，誠信是你取得成功的重要利器。

誠實是一種大智慧，世界上最聰明的人是最誠實的人。古人講：「人心一真，便霜可飛，城可隕，金石可開。若偽妄之人，形骸徒具，真宰已亡，對人則面目可憎，獨居則形影自愧。」意思是說，人的心靈只要真誠了，便可以使五月的天空飛霜，使城牆傾倒、金石洞穿；如果一個人虛假妄為，就等於空有一副軀殼，靈魂已經喪失，其行為必然會令人厭惡，獨自一人時也會為自己的行為感到愧疚。這實際上是告訴我們，真誠老實人所共戴，虛偽狡詐必遭唾棄。

誠實，是一種睿智。愚公之誠可移山，精衛之誠能填海，失去了「誠實」，所有耀眼的燦爛都將黯然失色；

誠實，是一種美麗。因為有了誠實凝聚的可靠和雄厚，方使得所有的品質經得起洗禮，所有的宣言值得人們的信賴；

誠實，更是一筆人生的財富，她可拒絕繽紛的誘惑，她可以摒棄心中的那份浮躁，守住自己心靈的那片淨土。

所以美國總統華盛頓說：「我希望我將具有足夠的堅定性和美德，以此保持所有稱號中我認為最值得羨慕的稱號：一個誠實的人。」

商場中，誠實守信更是店家制勝的法寶。古代店鋪的門口，一般都寫有「貨真價實，童叟無欺」八個字。《左傳》中說：「信不由中，質無益也。」在商品買賣中，就提倡公平交易、誠實待客、不欺詐、不作假的行業道德。對於商人而言，如果從小沒有養成遵守信用的習慣，那麼就不可能取得別人的信任，生意也就很難做。李嘉誠曾戲言自己不是「做生意的料」，因為他覺得自己不會騙人，不符合無商不奸的標準，令人感歎的是偏偏是這麼一塊「廢料」做成了全亞洲獨一無二的大生意。這樣的例子實在是不勝枚舉。所有成功的人背後都有一個堅強的後盾——誠實。他們對所有事情的承諾能不計任何代價去達成。

小勝靠謀，大勝靠德。誠信是金，守信即是市場經濟應該和必須遵守的法則，也是人生最寶貴的財富。誠實、守信能幫助你的人生之舟在波濤洶湧的大海上移步航行，能讓你得到生死朋友，贏得寶貴的友誼。

甚至，信任是影響一個國家經濟健康的最有力的因素之一。在信任程度較低的時候，個人和組織在參與經濟交易時就會更警惕，這可能抑制國家經濟。設在安娜堡的密西根大學對來自世界各國的學生提出同樣的問題：「你認為一般來說陌生人都可以信任嗎？」肯定回答的比率相差甚遠，從挪威的約百分之六十五，直到巴西的百分之五左右。那些信任率低於百分之三十的國家（南美和非洲的大部分國家都在這一範圍）可能落入因為懷疑而導致的永久貧困。

世上沒有比一個失去誠實、廉正和自尊的人更窮的人了。不管你有多少錢，你都不會感到富有，而你所有的積蓄都是短暫的，如果你不廉正誠實的話。用不實和欺騙來獲得財富，就等於用沙子去蓋房子。它不會長久的。

是啊，當你對自己誠實時，天下就沒人能夠欺騙你。一個人能在所有的時間裡欺騙一個人，也能在同一時間欺騙所有的人，但他不能在所有的時間裡欺騙所有的人。欺騙永遠戰勝不了誠實。誠實助你漫遊世界任何一個角落，不管是光明，還是黑暗。

- **智慧經：**

真誠是一種優質資源。

遵守諾言就像保衛你的榮譽一樣。

4　隱密實力，攻其不備

相信大家都聽過「康熙帝智擒鰲拜」的故事。

康熙皇帝即位時年僅八歲，根據順治皇帝的遺命，由索尼、蘇克薩哈、遏必隆、鰲拜四位大臣輔政。

在四位輔政大臣中，鰲拜出身戎伍，年輕時屢立戰功，是皇太極時的舊臣，靠此老本，他野心勃勃，最為跋扈。他結權內外，植黨營私，排除異己，自己獨攬「輔政」大權；他欺康熙皇帝年幼無知，經常在康熙面前斥責大臣，甚至吼叫著與幼帝爭論不休，直到康熙讓步為止。經濟上，他徇私舞弊，巧取豪奪，肆無忌憚的貪汙受賄。政治上，他以維護舊制為藉口，把順治時的一些改革作法全部推翻；思想感情上，他想牢牢的守住滿族古老傳統，反對學習漢文化。

康熙十四歲開始親政之後，他稚氣未脫的眼睛就盯上了一個龐然大物，一個朝中最有權勢的輔政大臣鰲拜。他要把到手的江山重新整治一番，要把興盛的運勢發展下去。這時鰲拜的獨斷專行不但沒有絲毫收斂，反而更加變本加厲。他與其弟穆里瑪、侄塞本特及其黨羽，經常藉故不上朝，一切政事先於家中議定，然後實施；朝中諸臣事無大小，必先向他報告，不准自行啟奏，儼然是一副太上皇的架子。

康熙心裡對鰲拜的獨斷專行一清二楚。鰲拜的存在，已成為皇帝權威的嚴重威脅。但康熙考慮到鰲拜集團勢力強大，黨羽眾多，甚至宮中都有他的耳目；鰲拜本人又力大難敵，要除掉他，必須有周密準備，而且只能智取，不能力敵，以免打草驚蛇，狗急跳牆，激成巨變。考慮到此，小康熙智出奇謀，雙管齊下。

他一方面隱藏實力，另一方面，和親信大臣索額圖密商後，定出一條計策，假藉做遊戲，以鍛鍊身體為名，招收一批強壯靈活、忠實可靠的少年入宮，練習摔跤。這些少年入宮以後，天天與康熙一起摸爬滾打，摔跤跌撲，不過一年，個個都練出一身鐵骨鋼筋。

康熙八年，不滿十六歲的玄燁，以討論明年自己的大婚儀式為名，宣鰲拜進宮。當時，鰲拜走進宮殿，由索額圖陪行，見到一幫少年互相摔跤打鬥，毫不在意，見到皇帝後，還拿出輔政大臣的架子，正顏厲色的奏道：「主子年已成人，為何別的不好耍，獨要招呼這般小孩子在內廷胡攪，成何體統！」康熙微微冷笑道：「你還同朕講起體統來了。」說著便歷數鰲拜的件件惡行，向練摔跤的夥伴一招手，他們便撲上來，鰲拜也不示弱，心想：我十八般武藝樣樣精通，還不一拳打倒一個？哪料到那些少年是手來架手，腳來擋腳，沒上一個回合，鰲拜腦後的小辮子便被一少年抓住一扯，鰲拜立腳不牢，「咕咚」一聲倒了下去，帽子也飛了出去，寶石頂子摔碎了，雙眼花翎折斷了，靴子脫了，朝服綻開了……眾少年一擁而上，把鰲拜捆得結結實實，押入大牢。

康熙皇帝上任之初，面對鰲拜把持朝中大權，一手遮天的險惡局面，面對鰲拜幾十年中結下的權勢之網，沉著冷靜，利用出其不意之策，靠布庫戲這一滿族的摔跤遊戲，清除了朝中的舊勢力，為清王朝的發展鋪就了一條坦途。

隱密實力的要義所在是將自己的目的和意圖深藏起來，使對方無法發現而麻痺大意；或者用假幌子使對方無從辨認，信以為真。然後，我們便有了條件和時機，從容完成原定計畫，以達到攻其無備。

孫臏和龐涓都是鬼谷子的學生，後來龐涓先行下山，當上了魏國附馬，並陷害孫臏受到「臏刑」，導致雙腳殘廢。孫臏脫險之後，先以圍魏救趙之策大挫龐涓的銳氣，然後又在戰場上與龐涓正面決戰。昔日同窗今日卻成了對手冤家。孫臏計高一籌，鬥智不鬥力，隱強示弱，逐漸減少兵灶數目。龐涓認為孫臏兵力在逐漸減少，自然大喜，命令手下軍士拋下輜重，輕裝上陣，緊追不捨。最後兩軍戰於馬陵，孫臏集合全部兵馬給龐涓以迎頭痛擊，大煞敵人威風，可憐龐涓這才知道是中計，最後被亂箭射死。

我們首先要對自己有一個正確的認識，然後了解對手的虛實，先適度的隱藏自己的實力，學會製造假象，讓對方錯估情勢，進而為自己製造一個絕佳的優勢。

隱密實力，就是裝模作樣做給對手看的姿態。這種姿態要合情合理。也就是說，不能與現實生活的差距過大。要虛得大致符合當時、當地、當事人的實際狀況。因為人對是非的判斷，靠的是知覺，知覺的正確與否，依賴於過去實踐的知識和經驗。當對手的虛擬同自己過去實踐的知識和經驗相吻合或一致時，知覺就產生一種認同感，就對對手的虛擬予以理解、認可。前例中，孫臏虛擬減少兵灶數目，面對龐涓又是一位統兵主帥，難免對前人總結戰爭的經驗有所借鑒。加上他的猜疑心本來就重，當然就會相信了。

某商業機關的在野派與當局派競爭管理行政權，他們從拉攏股權入手。開始登記股權後，在野派活動甚力，所拉攏的股權超過當局派。自信已操勝券，對於當局派的注意力，因此懈怠。誰知當局派把拉攏到的股權暫時藏起，不辦登記手續，真到登記限期屆滿的一刹那，全數攜往登記。細察當局派的鬥智經過，實在是孫臏減灶的方式。

無論是戰場上，還是在商場上，實力總是決定一個人地位的重要因素。所以，許多人始終將保持著自己的實力作為用兵第一大法。

- **智慧經：**

隱密實力——使其猜疑，達到分散對手心緒的目的。

隱密實力就是攪亂、誤導對手的視線，以達到攻其不備的目的。

5　你能看多遠，你便能走多遠

每一群狼都有自己的領地。牠們憑藉嗥叫聲和氣味來劃定地盤。幾乎所有可以活動的地域都被狼群分踞了。每群狼都有一隻頭狼統治著牠們，這塊領地就是頭狼的地盤，其他狼群或獨狼是絕不敢貿然闖入這些領地的。也正是因為頭狼認識到了擁有自己地盤的重要性，才能在自己的地盤上坐享其成，享受統治者的一切資源。

動物對資源的認識也許就只有局限在食物和繁衍後代上，而對於人類來說，資源的外延可以擴展到無限大。每個人也都在自己的地盤上，或者是擁有資源的人，或者是被人擁有的資源。你是願意成為一個「人力資源」呢，還是成為支配資源的人？

有一個人一直想成功，為此，他做過種種嘗試，但都以失敗告終。為此，他非常苦惱，於是就跑去問他的父親。他父親是個老船員，雖然沒有多少學歷，但卻一直在關注著兒子。他沒有正面回答兒子的問題，而是意味深長對他說：很早以前，我的老船長對我說過這樣一句話，希望能對你有所幫助。老船長告訴我：「要想有船來，就必須修建屬於自己的碼頭。」兒子聽了這話沉思良久。之後，他不再四處嘗試，而是靜下心來好好讀書。後來，他成了令人羨慕的博士後。現在他根本不必四處找工作，倒是有不少公司經常打電話來來請他加盟，而且待遇好得驚人。

人生就是這樣有趣。做人如果能夠做到拋棄浮躁，錘鍊自己，讓自己發光，就不怕沒有人發現。與其四處找船坐，不如自己修一座碼頭，到時候何愁沒有船來停泊。

人是不滿足於自己的處境的，這種不滿足往往不是因為一日三餐吃不飽，而是不甘心於被人支配，都想擁有更多的地盤，更多的資源，也想有更多的支配權。地盤越大，支配權越大的人往往被認為生命越成功。

這也就是為什麼有人寧做雞頭不做鳳尾？一隻雞雖然渺小，但是一個獨立的個體，雞頭可以決定一隻雞的生活方式。而鳳尾不過是高級附庸，只占據配角位置，受制於鳳頭，服務於全體，作用並非舉足輕重。

朱元璋的故事在這裡是一個不得不講的故事。

朱元璋在稱帝之前是一個百折不扣的下等人，他能最後奪取天下，是他一個人無論如何都不可能完成的事情。在他的身邊有很多才能卓越的人，可為什麼只有朱元璋成功？就是因為他修建好了自己的碼頭。

當年朱升向朱元璋獻上的九字箴言：高築牆、廣積糧、緩稱王，就是朱元璋修建自己碼頭的最好詮釋。「高築牆、廣積糧、緩稱王」是怎樣的策略呢？概括的說，就是要加強軍事力量，保住自己的地盤，防守中立於不敗之地；加強經濟實力，以充足的給養支持軍隊和政權；不要太早的暴露稱王稱帝的意圖，不到時機成熟絕不輕易出擊，以避免遭到競爭對手的嫉恨和攻擊。

另外，朱元璋為了在錯綜複雜的形勢下保護自己，避免消耗自己的實力，就要在各股政治勢力之間周旋。西元一三五七年，紅巾軍將領劉福通兵分三路北伐元軍，一時間「所在兵起，勢相連接」。

然而，朱元璋此時卻在劃地自保，躲在後面，一直在悄悄發展自己的勢力。他始終量力而行，盡量避免與元軍發生正面衝突。不僅如此，而且在很長一段時間內，朱元璋與元軍將領察罕帖木兒部之間的關係也十分曖昧。察罕帖木兒是元廷悍將，元朝得以暫時不亡，多賴察罕帖木兒支撐。察罕帖木兒趁各路豪強相互攻殺之機，揮兵東進，一路所向披靡。面對氣勢強盛的察罕帖木兒，朱元璋於該年八月派遣使者，致書察罕帖木兒，跟他拉攏關係。

所以朱元璋得以避開了察罕帖木兒的主力進攻，但各路北伐的紅巾軍也因此付出極大代價，最後相繼失敗。就是這樣，朱元璋慢慢把天下變成了他的碼頭。

在和平和多樣化的時代，現代人可能不再去想什麼獨霸天下之類的事，但誰都想在有限的生命裡賺更多的錢，拼命的工作，可是靠自己的一雙手，你就是累死也只能糊口，所以真正的富人不僅會經營自己還會經營別人。

其實，成功者是不用工作就可以過得很好的人，怎樣才能不工作就致富呢？他們知道必須讓別人為自己打工，就必須得有自己碼頭。碼頭修好了，自然有船來靠。

如果把生意場比喻成大糧庫。當你打通所有的關口，站在糧食堆前，有桶的人取出的是一桶米，有車的人拉出的是一車米，而只有一雙手的人則只能得到一捧米。

買桶、買車對於各種不同的人來說，可能都是不小的投資，而且有了它們之後不一定能找到米裝進去，這種投資帶有很大風險。但成功者只要有了多餘的錢，就會不斷投資，擴大企業規模，把碗換成桶，把桶換成車，把車換成大車，以求裝到更多的米。結果也有兩種，一是他的容器確實都裝滿了，成為一個成功的大老闆；二是容器裝不滿，鋪了很大的攤子，入不敷出，暫成了窮人，但只要有買桶與車的意識，一定還會有機會成為富人的。

所以，不會修建自己的碼頭，不會經營自己，更不會經營別人的人，只能讓自己成為別人經營的對象，也習慣於被別人經營。

修建自己的碼頭去吧，從這一刻起。

- **智慧經：**

你能看多遠，你便能走多遠。

要想有船來，就必須修建自己的碼頭。

真正的富人不僅會經營自己更會經營別人。

6 佯裝遲鈍，做人不要太招搖

一天深夜，孫先生開車趕路。在一個十字路口，紅綠燈恰巧變紅燈。儘管四周已無人影，那位先生也照例剎車停住。好半天，紅燈還是不變，於是知道了燈碰巧失靈。於是他便回到車裡，直等到第二天清晨有人來修好為止。

這則故事也許有些誇張，但法國人的那種近乎傻氣的做人行事的性格，卻是許多接觸過法國人的人士都有所感受的。這種「傻氣」，或說「遲鈍」，會被許多「精明」的人當成笑話，但做人太精明未必就好，有點「遲鈍」，反倒能保持住純真的天性，於己於社會都有許多好處。

我們說，做人不妨有點「遲鈍」，其實質是保持我們單純、誠實、正直的品行，而不去為了自己，而動歪腦子耍小聰明。這種「遲鈍」實則是大聰明——脫離了狡黠的動物習性的真正的聰明。

頭腦太聰明、個性太精明的人，通常都很難應付。由於腦子整天轉個不停，不論什麼事情都會事先預測好，讓人有鬆懈不得的感覺。同時，一發現別人的缺點，便會立即指出來，即使沒有當場表明，也會讓對方覺得：「這個人不知道有什麼企圖！」警戒之心油然而生。這種讓人隨時心生警戒的人，怎麼還有誠信可言呢？所以，如果讓這種類型的人物登上領導者的寶座，部下們恐怕再沒有好日子可過了。

領導者的表現如果過於敏銳，便成為使部下充分發揮所能的障礙。如果領導者能稍微掩飾自己的鋒芒，使部下的能力得以充分發揮，才是一位魅力十足的成功領導者。例如：例如：被稱為「裝有電腦的推土機」的田中角榮，即屬於這類型的人物。由於他兼備極其精密的計畫能力，以及超群絕倫的實行力，所以才得此稱號。

領導者必須從部下身上得到以自己的立場無法思及的想法，同時也要讓步下在自己無法照顧到的方面充分活動才行。

如果領導者的作風太過敏銳、精明，與之接觸的人都會受其指責，如此一來，部下當然不會輕易將自己的真正想法告訴領導者，並將自發性的活動壓抑下來。如果領導者雖沒有實際採取指責部下缺點的行動，但平常所表現的行為過於敏銳，部下也會自然畏縮，因為他們的內心會認為：「我何必自找麻煩，以致被上司挑毛病。」

聰明是一筆財富，關鍵在於怎麼使用。真正聰明的、有智慧的人會使用自己的聰明和智慧，即做到佯裝遲鈍給人安心之感。不到火候時不會輕易使用，要貌似平常，讓人家不眼紅你，最終達到自己的目的。最忌一味強出頭，不管必要或不必要，不管合適不合適，時時刻刻顯露精明，那樣不僅不會幫助自己，反而會使人對自己更加的防範，遠離。

作為主管不可以太露精明，作為下屬更要遲鈍一些。

一位朋友曾講過這樣一個故事：

當我在一家百貨公司上班時，曾經為了和某大企業家締結合同拜訪過好幾次對方的府邸。企業家雖然是萬貫家財的大富翁，卻非常小氣。別家百貨公司也曾經試著和他打交道，都不得要領，大家都認為要使他成為百貨業的客戶是不可能的。但是，既然公司老闆下令「去看看！」我也只好來回奔波。某一天，不知道他吃了什麼開心果：「嗯，上來吧！」終於，我可以登堂入室了。原以為這一次該有好的回音，事實卻不然。大概是窮極無聊吧「當我還年輕的時候……」這個古怪老頭突然開始滔滔不絕說起他如何從一介平民奮鬥成為大富翁的經歷。這一番話足足說了兩個多鐘頭。客戶的家是日本榻榻米式格局，對方正襟危坐，我當然也不能直膝或盤腿而坐，剛開始還能頻頻點頭，注意的聽，後來腳實在覺得痠疼，他的話已經變成馬耳東風。三十分鐘後腳已經麻痺，過了一個鐘頭，額頭直冒冷汗。

「今天就到此為止吧！」

這個古怪的大富翁說完就站起來，我也打算站起來，不料下半身整個麻痺，一不留神「嘭」的一聲跌得四腳朝天！

大概是發出相當大的碰撞聲吧，女傭嚇了一大跳，趕忙跑過來說：「發生了什麼事？」古怪富翁看見我這個大男人竟然跌地不起「真是個沒用的東西！」嘴上說著卻笑得合不攏嘴。

古怪富翁終於成為我們公司的客戶，這是因為憐惜我這個「沒用的東西」的結果。

一般來說，偉大的人都喜歡遲鈍的人，記住這一點是不會錯的。

任何主管都有獲得威信的需要，不希望部屬超過並取代自己。因此，在人事調動時，如果某個優秀、有實力的人被指派到自己的部門，上司就會憂心忡忡，因為他擔心某一天對方會搶了自己的權位；相反，若是派一位平庸無奇的人到自己的部門，他便可高枕無憂了。

有一位學生剛剛從大學畢業，憑藉自己的出色表現，很快在一家公司找到了工作。由於自己的專業知識扎實，頭腦又靈活，很快就融入到工作中，獲得了同事的羡慕和上司的讚揚。可他卻有點恃才傲慢，別人的事情，他都愛插手，雖然提的意見有時很有見地，但別人都不買他的帳。有一次開會時，上司提了一個方案，他馬上進行了反駁，並提出了自己的意見，上司表面點頭允許，心理卻對他產生了怨恨心理。後來公司找了一個藉口，將他辭退了。

「出頭的椽子先爛」。過於顯露自己的才能和智慧，過度的招搖，首先會招致對自己的損害，尤其是受到有妒忌之心的小人的攻擊。忍耐住這種自我顯示的心情，一則能使自己謙虛向上，二則可以安他人之心，保護自身不受損害。

在更多的時候，上司需要並提拔那些忠誠可靠但表現可能並不是那麼出眾的下屬，因為他認為這更有利於他的事業。有個古老的故事，叫「南轅北轍」，意思是說，目的地在南方，但開車的方向卻對著北方，結果跑得越快，離目標越遠。同樣的道理，如果上司使用了不忠誠的下屬，這位下屬總是和自己唱反調或者「身在曹營心在漢」，那麼這位下屬的能力發揮得越充分，可能對上司的利益損害越大。

因而，聰明的部屬總會想盡辦法掩飾自己的實力，以假裝的愚笨來反襯主管的高明，力圖以此獲得主管的青睞與賞識。當主管闡述某種觀點後，他會裝出恍然大悟的樣子，並且帶頭叫好；當他對某項工作有了好的可行的辦法後，不是直接闡發意見，而是在私下裡或用暗示等辦法及時告知主管，同時，再拋出與之相左的甚至很「愚蠢」的意見。久而久之，儘管在群眾中形象不佳，有點「弱智」，但主管卻備加欣賞，對其情有獨鍾。

• **智慧經：**

遲鈍也是吸引人的重要因素之一。

不輕易的暴露和表現自己的才能。

過於顯露自己的才能和智慧，過度的招搖，首先會招致對自己的損害。

7　小心！言多必失

說話比做文章讀文章難。做文章，可以細細推敲，再三修正；讀文章，可以細細體會，詳加研究。說話則不然，一言既出，駟馬難追，所以你與人對話，應該特別留神。

世界上沒有十全十美的人，隨隨便便說別人的短處，輕輕鬆鬆揭別人的隱私，不僅有礙別人的聲望，且足以表示你為人的卑鄙。當你聽到流言蜚語時，唯一的辦法是聽了就算，不做傳聲筒，不記掛於心，不向外傳播。首先你要明白，你所知道關於別人的事情不見得可靠，也許另外還有許多苦衷並非是你所能明白的。你若貿然把你所聽到的片面之言宣揚出去，不免顛倒是非，混淆黑白。而「覆水難收」，事後當你完全明白真相時，你還能更正嗎？

會說話，就是在恰當的時間、恰當的地點說了恰當的話，也就是把話說對時間、說對地點、說到點子上又能把直話說圓；說得頭頭是道，妙語如珠，使人人愛聽，個個喜歡。

而在我們的職場裡，有些人喜歡公開發表意見，口無遮攔。

陳剛就是這樣的人，凡事總喜歡搶著說出自己的看法。一次，主管召集品管部全體人員開會，分析客戶退貨的原因。那批貨出廠前是李浩檢驗的，這相當於是開李浩的「批鬥會」。

主管說：「這次事故的負責人已經查清了。生產人員看錯了藍圖，我們部的李浩最後把關不嚴，才造成了這次事故。」他接著讓大家就這次事故發表意見：原因出在哪裡，該怎樣彌補。

大喇喇的陳剛第一個站起來，不假思索的說：「我認為，如果李浩嚴格把關，就不會出現這樣的事情。這事李浩應負一定的責任。作為品管人員，他缺乏高度的責任心……」他甚至還把李浩以前的一些錯誤一起夾帶進來進行了一番批評。

本來就很懊惱的李浩此時聽陳剛這麼一通狂批，更加不自在。李浩充滿敵意的瞪了陳剛一眼，似乎嫌陳剛的話太多了。

就連同事們都覺得陳剛的話過多，既不分場合，也不顧別人心裡是否好受。再說李浩也不是有意的，難道還用得著你在這裡大講而特講？

接下來的討論，大家都是針對工作上的問題，把陳剛的話題岔開了。

在後來的工作中，李浩經常對陳剛的工作吹毛求疵，抓住一點問題就不放過，跟同事宣揚一番再告到主管那裡，搞得陳剛很被動。有時李浩甚至還直接告到老闆那裡，久而久之，老闆對陳剛的工作能力產生了懷疑。

李浩總是與陳剛過不去，陳剛感到在公司待不下去，只好傷心離開了。

在公司裡，公開對某人發表意見向來是個雷區，一不小心就會觸雷。如果自己沒有一個更好的建議或解決方法，切勿胡亂指責別人，否則，不僅會樹敵，還會令老闆對你的印象變差。身在職場，適時的沉默是必須的。保持適度的沉默是遠離是非的最佳方式。

在日常交往中，沉默往往會給你帶來益處。在某些場合，沉默不語可以避免失言。我們許多人在缺乏自信或極力表現得禮貌時，可能會不假思索的說出不恰當的話給自己帶來麻煩。

例如你對事物的態度，你對事態發展的看法，你今後的打算等等，會從言語中流露出來，被你的對手所了解，從而制定出相對的策略來戰勝你。而且，你的話多了，其中自然會涉及到其他人。由於所處的環境不同，人的心理感受不同，而同一句話由於地點不同、語氣不同，所表達的情感也不盡相同，別人在傳話的過程中也難免會加入他個人的主觀理解，等到你談的內容被談話對象聽到時，可能已經大相徑庭，勢必造成誤解、隔閡，進而形成仇恨。

盡量不說話不僅確保安全，而且能給人留下個穩重、非同凡俗的印象。當然，盡量不說話是指可以說可以不說，尤其是與自己沒有關係的事情，否則，不說話也是不可取的。

在不得不說的情況下，盡量少說，不誇誇其談，不亂講濫說，不信口雌黃，不妄發議論，這也是確保安全的一種方法。言多必失，多言多失，少言少失，不言不失。所以，在不得不說，非說不可的時候，還是要保持「少說為佳」的態度。

某公司準備提拔一名年輕人做辦公室主任，張麗和另一位同事都是候選人。他們倆實力不相上下，而且兩人私交也很好。

有一天，經理把張麗叫進辦公室，告訴他公司初步決定由他來接任辦公室主任。張麗很開心，前一陣為升遷一事焦慮萬分，現在壓在心裡的一塊石頭終於落下來了。

喜悅之情溢於言表，舌頭就特別靈活。那天的張麗好像特別健談，從公司的近憂到公司的遠景，談得頭頭是道。經理聽得連連點頭。

不知不覺，最後張麗竟然聊到了那位同事。張麗說起一些那位同事鬧的笑話，以及一些對那位同事不利的事。

幾天之後，正式任命下來了。讓張麗大跌眼鏡的是，主任並不是他，而是那位同事。經理語重心長的對他說了句：「年輕人，沉默是金啊。」後來，張麗了解到，和他談過話後，經理又和那位同事談了話，委婉的提及張麗可能出任主任，希望他能夠支持張麗的工作。同事對張麗的評價非常中肯，也正是這一點讓經理最後捨張麗而選那位同事了。

適時的沉默展現著一個人的修養，顯示著一個人的容人之量。張麗的多言讓經理看到了他的浮躁和輕狂，也讓經理覺得他的人品好像還差那麼一點點，因此在最後，經理改變了主意。

在當今社會中，人人都有發表意見的權利，遇到該提出自己的看法時卻不言語，只是默默放棄自己的權利，並非聰明之舉。慎言是幫助你能在說話時三思，但並非完全不說話，即使是想保護自己，發表意見時避免招致難堪，也該有一番說話智慧。該說的時候不說，不該說的時候又說了一大堆，都不是好的說話方法。所以，一句在適當時機、對適當對象所說的好話，都是靠日積月累的經驗。只有不斷磨練，說話的智慧才會高人一等。記得先學會少說話，說話前要三思，謹言慎行，這是學習把話說好的三個主要步驟。

另外，人處在不同的狀態下，講話的心情不同，話的內容也會不同。心情愉快的時候，看事看人也許比較符合自己的心思，故而讚譽之言可能會多；有時心情不愉快，講起話來不免會憤世嫉俗，講出許多過頭的話，招來很多麻煩。

俗話說「病從口入，禍從口出」，這句話確實有一定的道理。大多的災禍是從自己的言談中招來的，因而慎言少禍。

如果一個人想和平的度過一生，他絕對有必要學會在小事上或大事情上進行自我克制的手腕。必須容忍和克制，脾氣必須服從於理性的判斷。

說話能把握分寸，說的恰到好處，是一種做人的手腕，既不能喋喋不休，口若懸河，又不能該說話時卻沉默寡言。可見，言談能反映出一個人為人處世的涵養功夫，要把握好分寸和態勢，做到閉口深深藏舌。

• 智慧經：

說的越多，越顯得平庸，說出蠢話或危險的話的機率就越大。

言多必有所誤，所誤必有所失。

缺少修養的言談，沒有不遭到報復的。

8 出頭的椽子總先爛

有人說，做人猶如打麻將，因為打麻將的祕訣在於盡量偽裝自己，使對方不能猜出自己手上的牌。所以，越是高手，越能偽裝自己，同時也越能識破對方的偽裝。打麻將有「方城之戰」的代稱，形容它是和戰爭一樣，需要運用機智和策略來取勝別人。所以，打麻將的時候，一旦被對方看穿你的底牌，就穩輸無疑。

孔子年輕的時候，曾經受教於老子。當時老子曾對他講：「良賈深藏若虛，君子盛德容貌若愚。」即善於做生意的商人，總是隱藏其寶貨，不令人輕易見之；而君子之人，品德高尚，而容貌卻顯得愚笨。其深意是告誡人們，過度炫耀自己的能力，將欲望或精力不加節制的濫用，是毫無益處的。

作為一個人，尤其是作為一個有才華的人，要做到不露鋒芒，既有效保護自我，又能充分發揮自己的才華，不僅要說服、戰勝盲目驕傲自大的病態心理，凡事不要太張狂太咄咄逼人，更要養成謙虛讓人的美德。所謂「花要半開，酒要半醉」，凡是鮮花盛開嬌豔的時候，不是立即被人採摘而去，也就是衰敗的開始。人生也是這樣。當你志得意滿時，切不可趾高氣揚，目空一切，不可一世，這樣你不被別人當靶子打才怪呢！

信陵君是魏王的異母兄弟，在當時名列「四公子」之？，知名度非常高，因仰慕信陵君之名而前往的門客，達三千人之多。

有一天，信陵君正和魏王在宮中下棋消遣，忽然接到報告，說是北方國境升起了狼煙，可能是敵人來襲的信號。魏王一昕到這個消息，立刻放下棋子，打算召集群臣共商應敵事宜。坐在一旁的信陵君，不慌不忙的阻止魏王，說道：「先別著急，或許是鄰國君主行圍獵，我們的邊境哨兵一時看錯，誤以為敵人來襲，所以升起煙火，以示警戒。」

過了一會兒，又有報告說，剛才升起狼煙報告敵人來襲，是錯誤的，事實上是鄰國君主在打獵。

於是魏王很驚訝問信陵君：「你怎麼知道這件事情？」信陵君很得意的回答：「我在鄰國卻有眼線，所以早就知道鄰國君王今天會去打獵。」

從此以後，魏王對信陵君逐漸的疏遠了。後來，信陵君受到別人的誣陷，失去了魏王的信賴，晚年耽溺於酒色，終致病死。

任何人知道了別人都不曉得的事，難免會產生一種優越感，對於這種旁人不及的優點，我們必須隱藏起來，以免招禍，像信陵君這樣知名的大政治家，因一時不知收斂而導致終身遺憾，豈不可惜？

鋒芒太露而惹禍上身的典型在舊時是為人臣者功高震主。打江山時，各路英雄彙聚一個磨下，鋒芒畢露，一個比一個有能耐。主子當然需要借這些人的才能實現自己圖霸天下的野心。但天下已定，這些虎將功臣的才華不會隨之消失，這時他們的才能成了皇帝的心病，讓他感到威脅，所以屢屢有開國初期濫殺功臣之事，所謂「殺驢」是也。韓信被殺，明太祖火燒慶功樓，無不如此。

你不露鋒芒，可能永遠得不到重任；你鋒芒太露卻又易招人陷害。雖容易取得暫時成功，卻為自己掘好了墳墓。當你施展自己的才華時，也就埋下了危機的種子。所以才華顯露要適可而止。

漢代高祖時期，呂后採用蕭何之計，謀殺了韓信。當時高祖正帶兵征剿叛軍，聞訊後派使者還朝，封蕭何為相國，加賜五千戶，再令五百士卒、一名都衛做相國的護衛。百官都向蕭何祝賀，只有陳平表示擔心，暗地裡對蕭何說：「大禍由現在開始了。皇上在外作戰，您掌管朝政。您沒有冒著箭雨滾石的危險，皇上卻增加您的俸祿和護衛，這並非表示寵信。如今淮陰侯（韓信）謀反被誅，皇上心有餘悸，他也有懷疑您的心理。我勸您辭掉封賞，拿出所有家產去輔助作戰，這才能打消皇上的疑慮。」一語驚醒夢中人。蕭何依計而行，變賣家產犒軍，高祖果然高興，疑慮頓減。

不久，英布謀反，高祖御駕親征，此間派遣使者數次打聽蕭何的情況。回報說：「正如上次那樣，相國正鼓勵百姓拿出家產輔助軍隊征戰呢。」這時有個門客對蕭何說：「您不久就會被滅族了！您身居高位，功勞第一，便不可再得到皇上的恩寵。可是自您進入關中，一直得到百姓擁護，如今已有十多年了，皇上數次派人問及您的原因，是害怕您受到關中百姓的擁戴。現在您何不多買田地，少撫恤百姓，來自損名聲呢？皇上必定會因此而心安的。」

蕭何覺得說的很有理，就依此計行事。高祖得勝回朝，有百姓攔路控訴相國。高祖不但沒有生氣，反而高興異常，也沒對蕭何進行任何處分。

古人云：「鷹立如睡，虎行似病，正是牠攫鳥噬人的法術。故君子要聰明不露，才華不逞，才有任重道遠的力量。」這就是「藏巧於拙，用晦而明」。一般而言，人性都是喜直厚而惡機巧的，而胸有大志的人，要達到自己的目的，沒有機巧權變，又絕對不行。因此，既要弄機巧權變，又不能為人所識破，所防範，所厭惡，就應有鷹立虎行、如睡如病、不露鋒芒的做人手腕。

深藏你的拿手絕技，你才可永為人師。因此你展示妙術時，必須講究策略，不可把你的看家本領都通盤托出，這樣你才可長享盛名，使別人永遠唯你是依。在指導或幫助那些有求於你的人時，你應激發他們對你的崇拜心理，要點點滴滴的展示你的造詣。含蓄節制乃生存與制勝的法寶，在重要事情上尤其如此。

這個世界上才能高的人很多，但善於隱藏鋒芒的人卻不是很多，同樣一部《三國演義》，死於曹操手下的才高八斗之士數不勝數，如彌衡之流，皆因他們不善於隱藏自己才命喪黃泉。所以，無論才能有多高，都要善於隱匿，要能達到這樣的境界。

所以，無論你有怎樣出眾的才智，也一定要謹記：不要把自己看得太了不起，不要把自己看得太重要，不要把自己看成是救國濟民的聖人君子似的，還是收斂起你的鋒芒，夾起你的尾巴，掩飾起你的才華吧。

- **智慧經：**

世俗的法則——棒打出頭鳥。

木秀於林，風必摧之。

不露鋒芒是自我保護的重要手腕，它會減少遭到別人暗算或報復的機會。

才華出眾而喜歡自我炫耀的人，必然會招致別人的反感。

9　小不忍則亂大謀

俗話說得好：留得青山在，不怕沒柴燒。在這種時候，你不要去計較面子、身分、地位，也不要急著出頭，這種日子很容易讓人沉不住氣，但只要忍一時氣，就有機會成就萬世基業。

小不忍則亂大謀，只有咽得下這口惡氣，你才辦得成大事。

假如你現在只不過是一個縣官而已，今後的升遷還需看上司的印象而定，要是你的才幹一直超過上司，上司的地位就很危險，那時他不但不會賞識你，反而會對你產生偏見，你會隨時惹禍上身而又不自知，那又如何發揮你的濟世之志呢？用心與周圍的人協調，適應環境，暫時委屈，實在是為了你將來能有大的作為啊！

這是宋朝宰相杜衍教導學生的話，它穿越於百年的時空界限，對於今天的朋友一樣有指導意義。古人的話有很多是對的，並不是厚古薄今。

「小不忍則亂大謀」，這句話在民間極為流行，甚至成為一些人用以告誡自己的座右銘。有志向、有理想的人，不應斤斤計較個人得失，更不應在小事上糾纏不清，而應有開闊的胸襟和遠大的抱負。只有如此，才能成就大事，從而實現自己的夢想。

有時面對一些事情，我們應該做到能夠泰然處之「小不忍則亂大謀」，心胸開闊，目光放遠一些，看這些事情對自己的長遠發展是否有利，而不去做匹夫之勇。

忍受失敗是為了準備東山再起，而不可由此沉淪。一個人要想有所作為，就必須頭腦冷靜，無論做什麼事情，情緒激動都容易壞事。

春秋時期，越王勾踐被吳王夫差打敗，越國要求跟吳國講和，吳國條件是要勾踐夫婦到吳國給夫差當僕役，勾踐答應了。勾踐將國事委託給大夫文種，讓大夫范蠡隨他們夫婦前往吳國。到了吳國，夫差每次外出，勾踐親自為他牽馬。有人指罵他，他也不在乎，低眉順眼，始終表現出一副馴服的樣子，很討夫差歡心。

有一次夫差病了，勾踐在背地裡讓范蠡預測了一下，知道此病不久就會好，他就親自去見夫差，探問病情，並親口嘗了嘗夫差的糞便，向夫差道賀，說他的病很快會好的。夫差問他怎麼知道，勾踐就胡編說：「我曾跟名醫學醫道，只要嘗一嘗病人的糞便，就能知道病的輕重。剛才我嘗了大王的糞便，味酸而稍微有點苦，用醫生的說法，是得了『時氣之症』，所以病會好，大王不必擔心。」果然不幾天，夫差的病就好了。夫差認為勾踐比自己的兒子還孝順，深受感動，就把勾踐放回去了。

越王深深懂得：忍一時氣，就是為了成就萬世基業。回國後，他勵精圖治，睡不好覺，吃不好飯，不親近美色，不看歌舞。他苦心勞力，對內愛撫群臣，對下教養百姓，經過三年，百姓歸順了他，國力逐漸強盛起來。

後來越國終於與吳國在五湖決戰，吳國軍隊大敗，越國軍隊包圍了吳王的王宮，攻下城門，活捉了吳王夫差，殺死了吳國宰相。滅掉吳國兩年後，越國稱霸諸侯。

越王勾踐忍受屈辱的故事，使他成為歷史上忍辱發憤的代名詞。作為越國君王，只要利於恢復他已經滅亡的國家，什麼屈辱他都能忍受。他心甘情願給吳王夫差當奴僕，給生病的吳王嘗大便。這是何等屈辱之事！勾踐似乎毫不考慮，對他來說，唯有成功才是奮鬥目標。因此，當他騙得吳王的信任，獲得自由回越國後，仍能抑制自己的憤怒和情欲，一如既往的忍受吳國強加給他與越國的屈辱，臥薪嘗膽十年，終於戰勝了吳王夫差。

人的一生當中絕對會碰上不如意的時候，這些不如意有很多種，例如：生意失敗、失戀、人事鬥爭落敗、被羞辱、工作不順等等。而由於不同的人承受能力的不同，這些不如意也會對不同的人形成不同的壓力與打擊，有人根本不在乎，認為這只是人生中必然會碰到的事；有些人只被輕輕一擊就倒地不起；有人則很快就可以掙脫沮喪，重新出發。

張榮發的發跡歷程，雖然沒有勾踐那樣的屈辱艱難，但也有一段相當漫長和曲折的故事。他從在日本船上當雜工開始，直至後來艱難從商成名。在艱苦的水手工作中，他堅持勤奮學習和工作，船上的知識和技術得到不斷的長進，逐步晉升為二副、大副乃至船長，這為他全面熟悉海運業打下了良好的基礎。

張榮發出生於基隆市。從小生活在海邊，由於家境不太好，十八歲讀完了商業學校後，便到社會謀生。他雖然學了幾年商業課程，但找不到適合的工作，只好在日本商船當雜工。

張榮發是個胸懷壯志的青年，他從小立志要自己創一番事業。儘管環境不遇，他卻不灰心，決心奮鬥、忍耐，相信只要功夫到，時機會酬勤他的。他讀書雖不算多，但對孔子所說的「小不忍則亂大謀」很有體會。

從打雜工到船長，在文字表達上僅僅用了十多個字，然而，張榮發在奮鬥過程中，卻足足用了二十三年時間。就這樣，他忍受了二十三年艱苦單調的海上生活，累積了一點資金，於一九六八年開始自己創業。起步時他買了一艘殘舊的貨船，航行於美國和遠東之間。他既是老闆，又是船上的船長，親自指揮航行。

經過二十多年的海上「臥薪嘗膽」生活，他成立的長榮海運公司十分了解貨主的需求和市場行情，做到服務優良，樣樣令顧客滿意。為此，他的生意十分興旺，盈利可觀。沒幾年時間，長榮公司的貨輪增至三艘了，並增辟了遠東至波斯灣的定期航線。

到一九七五年，張榮發已累積了不少資本，他注意到海運業競爭激烈，於是決定摒棄舊式貨船，逐步建立起了新式快速貨運船隊，以快速、安全、廉價和優質服務參與競爭。透過這次新的裝備和改制，其生意得到迅速發展。一九八二年～一九八三年，世界航運業再次陷入低潮，很多航運商家難以為繼，被迫倒閉或壓縮業務。有卓見的張榮發卻認為這是短暫現象，於是利用這個機會以七億美元收購了二十四艘全箱遠洋貨輪，迅速壯大自己的船隊，乘勢開創環球東西雙向全箱貨運定期航線，取得了史無前例的成功。經過這麼一番人退我進、人棄我取的發展，到一九八〇年代末，張榮發成為世界有名的船王。他擁有十多家規模龐大的公司，在世界五大洲幾十個國家和地區設有分公司或辦事處，屬下有六十六艘大型貨輪，總噸數達兩百一十萬噸。

張榮發忍耐作了二十三年的打工生涯，再用二十多年的時間創業，終於成為一位世界級富豪。

「忍」是很重要的一個字，因為在任何時間、任何場合，都有不如意的問題存在，有些問題無法解決，有些問題無法很快解決，更有些問題不是自己能力所能解決，所以也只能忍。

孔子曰：「齒剛則折，舌柔則存。柔必勝剛，弱必勝強。好鬥必傷，好勇必亡。百行之本，忍之為上。」說的正是欲成大事必有小忍這個道理。一個人在大事業之前若無法忍受小事，將無法成就偉大的理想。

一個真正想成就一番事業的人，志在高遠，不以一時一事的順利和阻礙為念，也不會為一時的成敗所困擾。面對失敗，必然會忍一時氣並發憤圖強，艱苦奮鬥，去實現自己的理想。

- **智慧經：**

在大屈之後，就會有成功的大伸。

忍可以驅走災難，避開禍端。

「忍」字更是一切好處的關鍵所在。

10 低調做人，高調做事

民間有句非常貼切的諺語：「低頭是稻穗，昂頭是稗子。」越成熟，越飽滿的稻穗，頭垂得越低。只有那些穗子裡空空如也的稗子，才會顯得招搖，始終把頭抬得高高。

富蘭克林年輕時，去一位老前輩的家中做客，昂首挺胸走進一座低矮的小茅屋，一進門「嘭」的一聲，他的額頭撞在門框上，青腫了一大塊。老前輩笑著出來迎接說：「很痛吧？你知道嗎？這是你今天來拜訪我最大的收穫。一個人要想洞明世事，練達人情，就必須時刻記住低頭。」富蘭克林記住了，也就成功了。

當今社會，與人相處，只要稍有點處理不當，就會招致不少麻煩。輕則，工作不愉快；重則，影響職業生涯。因此，與人相處，我認為關鍵是要學會低調！

為人過於直率，不知隱晦，熱情衝動往往是幼稚、膚淺所致，你要做到不管是在順境或逆境時，都能以低調的態度對待。

學會低調做人，是處世的一門基本學科，是為人的一種至高境界，是認真生活著和生活過的人的一種很好的體會、總結。「低調做人」被一切真正的成功人士奉為聖經。

一個人要清楚外面是一個非常精彩的世界，但外面又是一個讓人特別無奈的世界。因此每個人都應該這樣：「得意時不要太張揚，失意時不要太悲傷。」愛因斯坦由於創立了相對論而聲名大振。有一次，他九歲的小兒子問他：「爸爸，你怎麼變得那麼出名？你到底做了什麼呀！」愛因斯坦說：「當一隻瞎眼甲蟲在一根彎曲的樹枝上爬行的時候，牠看不見樹枝是彎的。我碰巧看出了那甲蟲所沒有看到的事情。」

然而，讓事情更糟的是，你在得意時越誇耀自己，別人越迴避你，越在背後談論你的自誇，甚至可能因此而怨恨你。同時，驕傲的人必然妒忌，他喜歡那些依附他的人或諂媚他的人，他對於那些以德行受人稱讚的人會心懷嫉恨的，結果，他就會失去內心的寧靜，以至於由一個愚人變成一個狂人。

在一般情況下，忍住顯示自己才智的欲望，可以獲得更多才能，保持不自滿的心態同時也可以避免因為炫耀自己的才能，招致他人對自己妒忌、詆毀、攻擊、陷害。

過於顯露自己的才能和智慧，過度的招搖，首先會招致對自己的損害。歷史上的名人、能人、英雄豪傑，都是身懷絕技，但他們也都知道「山外有山，天外有天，能人背後有能人」的道理，所以要想贏得勝利，後發制人，就要保持低調，不輕易的暴露和表現自己的才能。

西漢時的韓信，曾經家裡貧窮。曾有個人欺侮韓信說：「你雖然又高又大，喜歡佩帶劍，其實內心怯懦。」並且當眾辱罵韓信說：「你若不怕死，就刺我一劍；如果怕死，就從我褲襠下鑽出去。」韓信仔細看看，想了一下，俯身從那人褲襠裡爬了出去，全街的人都笑韓信怯懦。

後來，夏侯嬰向漢高祖劉邦說起韓信，開始時劉邦不知道他，於是他就逃走了，蕭何親自追他，並對高祖說：「韓信是無雙的國士，你要爭得天下，非要韓信不可。要拜請他，選一個日子，要齋戒、設立壇位、完備禮教才行。」劉邦答應了他，拜韓信為大將軍。再到劉邦取得天下之後，韓信被封為齊王，位為淮陰侯。

真正聰明的人，不會自以為是，他們為人處世，以謙虛好學為榮。常以自己的無知或不如人而慚愧，能夠得到更多的學習機會，向別人求教，豐富和完善自我是他們的目的。即使自己確有才智，也不會四處去出風頭，不去刻意炫耀或展示自己，克制和忍耐住自己爭強好勝的心理。

低調作為一種做人手腕，特別是對於許多普通人來說，是絕對不可缺少的。所以，俗話說：一事當前低調為高。

對自己的朋友、上司，你不可能事事據理力爭。對於自己的長輩、老闆的某些指示、某些命令，由於主觀理解上的偏差而得不到很好的實施，而你卻已經盡了最大努力。在這樣情況下，上司、長輩、老闆、主管對你批評和指責是很正常的，不要急於辯解，認為自己無比委屈，其實錯誤就在你的身上。

學會低調做人，就要不喧鬧、不矯揉、不造作、不故作呻吟、不假惺惺、不捲進是非、不招人嫌、不招人嫉，即使你認為自己滿腹才華，能力比別人強，也要學會藏拙。而抱怨自己懷才不遇，那只是膚淺的行為。

低調做人，就是用平和的心態來看待世間的一切，修練到此種境界，為人便能善始善終，既可以讓人在卑微時安貧樂道，豁達大度，也可以讓人在顯赫時持盈若虧，不驕不狂。

美國著名企業家艾科卡，一九七〇年代初擔任福特汽車公司總經理，八年為福特汽車公司賺了三十五億美元的利潤。正當他春風得意之時，由於嫉妒和猜忌，被老闆亨利．福特免去了福特汽車公司總經理的職務，解雇回家。面對精神的創傷和打擊，五十四歲的艾科卡沒有向命運投降，決心韜晦待機，尋找一個可以再展自己的才華、大做一番事業的地方，以成功的事實讓亨利．福特永世難忘。

為了實現自己的抱負，他拒絕了一些條件優厚的企業的招聘，而接受了當時深陷危機、瀕臨破產的克萊斯勒汽車公司的聘請，擔任總裁。上任後，他首先對公司組織機構動大手術，並在全體員工特別是主管人員中，實行以品質、生產力、市場占有率和營運利潤等因素來決定紅利的政策，主管人員沒有達到預期的目標，將扣除百分之二十五的紅利。還規定在公司尚沒有起死回生之前，最高管理層各級人員減薪百分之十，而艾科卡本人的年薪只有象徵性的一美元。他想以此表明，大家都在為走出困境而苦鬥。為了爭取政府貸款，他親自出馬向新聞界遊說，不得不像個被告一樣站在國會各個小組委員會面前接受質詢。他由於勞累，導致眩暈症復發，差點暈倒在國會大廈的走廊裡。

經過幾年勵精圖治，一九八〇年代初，克萊斯勒汽車公司終於走出困境，開始轉虧為盈，一九八三年盈利九億美元，一九八四年創利潤達二十四億美元，一九八五年首季獲純利五億多美元。艾科卡也成為美國的傳奇人物。

人要在社會上有所作為，必須具備許多的條件，例如高深的學問、恢弘的志氣、寬闊的心胸、忍耐的修養等，這些都是艱難人生旅途中最大的助力。其中「低調」更是不可少的修養，低調並不是退縮，而是用平常心去對待人間一些不平的境界。

低調做人，是一種品格，一種姿態，一種風度，一種修養，一種胸襟，一種智慧，一種謀略，是做人的最佳姿態。欲成事者必要寬容於人，進而為人們所悅納、所讚賞、所欽佩，這正是人能立世的根基。根基既固，才有枝繁葉茂，碩果累累；倘若根基淺薄，便難免枝衰葉弱，不禁風雨。而低調做人就是在社會上加固立世根基的絕好姿態。低調做人，不僅可以保護自己、融入人群，與人們和諧相處，也可以讓人暗蓄力量、悄然潛行，在不顯山不露水中成就事業。

- **智慧經：**

低調是一種極為可貴的德性。

做人低調是種智慧。

低調可以促使一個人的身心成熟，以便大展宏圖。

低調，是所有成就大事業的人的共同特徵

11 大智若愚，大巧若拙

古語云：大智若愚，大巧若拙。這句話的大概意思是擁有大智慧的人往往都表現很愚鈍，身手很靈敏的人往往都表現的很笨拙。其實，這是一種境界。人生中適當的「傻」是一種美德，也是一種智慧。

真正的聰明人往往是揣著明白裝糊塗，給人的印象是表面混沌無知、糊里糊塗，實則冰雪聰明，心裡透亮。

寧武子就是寧俞，他是春秋時期衛國的大夫。在他輔佐衛文公時，天下太平，政治清明，寧俞表現出非凡的才幹。然而，當衛文公的兒子衛成公執政後，國家則發生內亂，寧俞則糊塗起來。顯然，這是他明哲保身之道。身為國家重臣，不暫時保住性命，將來何談治理國家。後來周天子出面，殊殺僑臣，政治出現清明之象，寧俞又聰明大顯，輔佐衛成公大治國家。

常言說「聰明難，糊塗更難」，是說我們在處理事情的時候要保持清醒的頭腦很難，但要在適當的時候糊塗也更加難。因此，裝傻不僅是一種藝術，更是一種真正的人生大智慧，是真正的聰明。

人生是個萬花筒，人們在變幻之中要用足夠的聰明智慧來權衡利弊，以防莫測。孔子認為，知者樂山，仁者樂山；知者動，仁者靜。動為聰明後的行為，靜為糊塗時的沉著。所以，人有時候不如以靜觀動，守拙若愚，這種做人的手腕其實比聰明還要勝出一籌。

聰明是自身的財富，同時也要明白，糊塗同樣是立身的本錢。聰明與糊塗之間，沒有絕對的界線。很多的人在聰明之中辦了糊塗事，導致身敗名裂，也有很多的人在糊塗中辦了聰明事，獲得名利雙豐收。在不便直言的情況下，委婉的指點幾句，讓聽者明白自己話裡的真實意圖，這就是揣著明白裝糊塗。

唐太宗時期，長孫皇后非常賢慧，有時還幫助唐太宗處理政務。長孫皇后死後，唐太宗厚葬了她，並將陵墓命名為昭陵，為寄託深深的思念之情，唐太宗還令人在宮中搭建了一座很高的樓台，稍有閒暇便登上樓台遠眺昭陵。

有一天，唐太宗帶領宰相魏徵等大臣一起登上樓台，眺望了一會兒，唐太宗問魏徵：「愛卿看到昭陵了嗎？」

魏徵揉揉雙眼，看了半天，說道：「皇上，臣老眼昏花，實在看不見啊！」

唐太宗心想：歲月不饒人，魏徵真的是老了！於是，他很有耐心的指給魏徵看。

魏徵又看了看，對唐太宗說：「臣剛才以為皇上是讓我看獻陵（唐高祖李淵的陵墓），若是看昭陵，臣還是能看見的。」

唐太宗聽了，深感慚愧，下令拆除了宮中的這座樓台。

在這裡，魏徵藉口自己眼花，點出了唐太宗父親的陵墓名稱，暗中告誡唐太宗：不該只思念自己的妻子，更要思念作為開國元勳的父親。魏徵雖然以直言相諫而聞名，但他也深知不能過於冒犯皇上。唐太宗心照不宣，明白了魏徵的用意，立即改變了以前不合適的做法。

社會中，人種種色色。有的人外表看似頑固，而內心卻很豁達；有的人外表看似愚鈍，而內心卻是才高八斗；有的人外表看似調鏡，而內心卻是底氣不足。

世事風雲變幻莫測，該聰明時得聰明，該糊塗時得糊塗。該聰明時犯糊塗，就會失去機遇；該糊塗時卻聰明，就會引火上身。做人者，聰明不如糊塗，守拙若愚，看似很木很納，實則勝過所有的聰明之舉。

然而讓精明的人糊塗，可不是一件容易的事情，除非他經歷了很多人和事，受過很多的挫折和磨難，否則他是不會糊塗的。鄭板橋不是已經說過了嗎？聰明難，糊塗難，由聰明返糊塗更難。但也只有進到這一境界，才能明白人生是怎麼一回事。

因為油漆住屋，馬東到附近一家很清靜的小旅館去避居幾日。他帶的行李只是一個裝著兩雙襪子的雪茄菸盒，另有一份舊報紙包著一瓶酒，以備不時之需。

午夜左右，馬東忽然聽到浴室中有一種奇怪的聲音。過了一會兒，出來了一隻小老鼠，牠跳上鏡台、嗅嗅他帶來的那些東西。然後又跳下地，在地板上做了些怪異的老鼠體操，後來牠又跑回浴室，不知忙些什麼，終夜不停。

第二天早晨，馬東對打掃房間的女服務員說：「這間房裡有老鼠，膽子很大，吵了我一夜。」女服務員說：「這旅館裡沒有老鼠。這是頭等旅館，而且所有的房間都是剛油漆過。」

馬東下樓時對電梯司機說：「你們的女服務員倒真忠心。我告訴她說昨天晚上有隻老鼠吵了我一夜。她說那是我的幻覺。」

電梯司機說：「她說的對。這裡絕對沒有老鼠！」

馬東的話一定被他們傳開了。櫃台服務員和警衛在馬東走過時都用怪異的眼光看他。此人只帶兩雙襪子和一瓶酒來住旅館，偏又在絕對不會有老鼠的旅館裡看見了老鼠！

無疑，馬東的行為替他博得了近乎荒誕的評語，那種嬌慣任性的孩子或是孤傲固執的老人病夫所常得到的評語。

第二天晚上，那隻小老鼠又出來了，照舊跳來跳去，活動一番。馬東決定採取行動。

第三天早晨，馬東到店裡買了老鼠籠和一小包鹹肉。他把這兩件東西包好，偷偷帶進旅館，不讓當時值班的員工看見。第二天早上他起身時，看到老鼠在籠裡，既是活的，又沒有受傷。馬東不預備對任何人說什麼。只打算把牠連籠子提到樓下，放在櫃檯上，證明自己不是無中生有的瞎說。

但在準備走出房門時，他忽然想到：「慢著！我這樣做，豈不是太無聊，而且很討厭？是的！我所要做的是爽爽快快證明在這個所謂絕對沒有老鼠的旅館裡確實有隻老鼠，從而一舉消滅牠。我以雪茄菸盒裝兩雙襪子，外帶一瓶酒（現在只剩空瓶了）來住旅館而博得怪人畸形的光彩。我這樣做，是自貶身價，使我成為一個不惜以任何手腕證明我沒有錯的器量狹窄、迂腐無聊的人……」

想到這，馬東趕快輕輕走回房間，把老鼠放出，讓牠從窗外寬闊的窗台跑到鄰屋的屋頂上去。

半小時後，他下樓退掉房間，離開旅館。出門時把空老鼠籠遞給侍者。廳中的人都向馬東微笑點頭，看著他推門而去。

如果有朝一日，對某一件事你知道自己絕對正確，可以提出確實證據證明你不會錯時，如果那是無關緊要的事，最好什麼也別做。

所謂糊塗有兩種解釋，一種是看不明白弄不清楚，因而丈二金剛摸不著頭腦；另一種則是看得明白弄得清楚，但卻不便於直截了當，這種情況下就要採取一定的糊塗戰術。確實，在生活或工作中，並不是什麼時候都需要明明白白的，在某些特定的場合，出於某種特別的考慮，說得含糊一點效果反而更好。

- **智慧經：**

聰明是天賦的智慧，糊塗是聰明的表現。

為學不可不精，為人不可太精，還是糊塗一點兒的好。

人只要知道自己愚和惑，就不算是真愚真惑。

12 示弱也是一種力量

「卑而驕之」出自《孫子兵法．計篇》。意思是對於卑視我方的敵人，則促使其更驕傲。在戰場上，驕兵必敗的戰例比比皆是。在面對危難時，最好的策略就是示弱取勝。

明朝張居正任滑縣縣令時，有兩名江洋大盜任敬、高章來到縣城，冒充錦衣衛（特務組織）的使者拜見張公，並且湊近張公耳邊說：「朝廷有令，要公開處理有關耿隨朝的事情。」

原來當時有位滑縣人耿隨朝，擔任戶政的科員，主管草場，因為發生火災，朝廷下令羈押在刑部的監牢裡。張公聽到此事，更加相信兩人的身分。於是，任敬拉著張公的左手，高章擁著張公的背，一起進入室內坐在炕上。任敬摸著鬢角鬍鬚，笑著說：「張公不認識我吧！我是霸上來的朋友，要向張公借用公庫裡面的金子。」於是二人取出匕首，架在張公的脖子上。

張公抑制住內心的緊張，裝出替他們著想的樣子說：「你們不是為了報仇，我也不會因為財物犧牲性命。你們這樣暴露自己的真實身分，如果被別人發現，對你們可相當不利！」

兩個強盜覺得有道理。

張公又進一步說：「公庫的金子有人看管，容易被發覺，對你們不利。有一個辦法是，我向縣裡的有錢人借貸，這樣你們可以安然無事，也不至於連累了我的官職，豈不兩全其美。」

兩個強盜聽了更加贊同張公的辦法。就這樣，張縣令不露聲色的穩住了強盜，並取得了他們的信任與合作，同時一條計謀醞釀成熟。

張縣令傳令要屬下劉相前來，劉相到後，張公假意說：「我不幸發生意外，如果被抓去，會很快被處死。這兩位是錦衣衛，他們不想抓我，我很感激他們，想拿五千兩黃金當他們的壽禮，以表心意。」

劉相聽了，目瞪口呆，說：「到哪裡去弄這麼多錢？」

張公說：「我常看到你們縣裡的人，很有錢而且急公好義，我請你替我向他們借。」

於是拿出筆來，一共寫了九個人，正好數量符合。所寫的這九個人，實際上都是武士。

劉相看了以後，恍然大悟。不一會，名單上列出的九個人，一個個穿著華麗的衣服，像富貴人家的子弟，手裡捧著用紙包著的鐵器，先後來到門口，假裝說：「張公要借的金子都拿來了，因為時間太緊迫，沒有湊足所要的數目，實在過意不去。」一邊說，一邊裝出哀求懇免的樣子。

兩位強盜聽說金子到了，又看到這些人果然都像有錢人的樣子，就很高興的說：「張公真的不騙我們。」

張縣令趁兩個強盜查看金子的空檔，急忙脫身，並大喊抓賊。九個武士，一擁而上，兩個強盜猝不及防。其中一個被抓，另一個自殺身亡。

張縣令遇事從容鎮定，不動聲色誘盜賊上當，糊塗裝得多麼徹底，既保全了身家性命、公家錢財，又擒獲了強盜。

遇強則要示弱。如果你的競爭對手是個有實力的強者，而且他的實力明顯強於你，那麼你沒有必要為了面子或意氣而與他競爭。因為一旦硬碰硬，固然也有可能打敗對方，但毀了自己的可能性卻很大。因此故事中的張縣令就是向對方示弱，以麻痺對手，讓對方摸不清他的虛實，降低對方攻擊的作用。

正如英國十九世紀政治家查士德．斐爾爵士對他的兒子所說的：要比別人聰明——如果可能的話，卻不要告訴人家你比他聰明。

示弱可以減少乃至消除別人對自己的不滿或嫉妒。要使別人對你放鬆警惕，造成親近之感，只要你能巧妙的、不露痕跡的在他人面前暴露某些無關痛癢的缺點，出點小洋相，表明自己並不是一個高高在上，十全十美的人物，這樣就會使人在與你交往時鬆一口氣，不以你為敵。

曾有一位記者去拜訪一位年輕的教授，目的是獲得有關他的一些醜聞資料。然而，還來不及寒暄，這位教授就對想質問他的記者制止說：「時間還長得很，我們可以慢慢談。」記者對這位年輕教授從容不迫的態度大感意外。

不多時，僕人將咖啡端上桌來，這位教授端起咖啡喝了一口，立即大嚷道：「哦！好燙！」咖啡杯隨之滾落在地。等僕人收拾好後，教授又把香菸倒著插入嘴中，從過濾嘴處點火。這時記者趕忙提醒：「先生，你把香菸拿反了。」教授聽到這話之後，慌忙將香菸拿正，不料卻將菸灰缸碰翻在地。

平時趾高氣揚的教授出了一連串洋相，使記者大感意外，不知不覺中，原來的那種挑戰情緒消失了，甚至對他還懷有一種親近感。

這整個的過程，其實是這位年輕的教授一手安排的。當人們發現傑出的權威人物也有許多弱點時，過去對他抱有的壞印象就會消失，而且由於受同情心的驅使，還會對他發生某種程度的親密感。

在生活中以上方法也很有用。比如交友，找合作夥伴等，精明外露，咄咄逼人者往往使人畏而遠之，而貌似傻氣的人往往容易引起別人的結交願望，因為與這樣的人打交道放心。能幹的男人一般不喜歡女強人，也是這個道理。而為了使自己不引人注意，不成為出頭鳥。還要常常裝點糊塗，尤其是在一些無關大局的事情上，不要外露精明。以使自己成為眾矢之的。古人云：「示弱取勝，其大智也。」

把自己的優勢藏起來，充分展示自己的短處、弱點，而使對手上當，放鬆警戒，從而迷惑對方，從而達到成功的目的。

人所共知，山外有山樓外樓，強手之上有強手。十年河東，十年河西，滄海桑園，世事變幻，任何一個人都不會永遠處於一個優勢的地位。如果遇上了一個強於你的對手，請記住：示弱，也是取勝的法寶。

示人以弱的目的是為了讓自己與現實環境有和諧的關係，把二者的摩擦係數降至最低；是為了保存自己的能量，好走更長遠的路；更為了把不利的環境轉化成對自己有利的力量，這是做人的一種手腕，更是最高明的生存智慧。

- **智慧經：**

示弱可以使強者無用武之地。

展示自己的弱點，使敵人上當、驕傲、放鬆戒備，然後一舉吃掉對方。

示弱是糊塗學的精華所在。

第2章　方中有圓，圓內有方

方中有圓，能讓你帶著鎖鏈跳舞；圓內有方，能讓你綿裡藏針的辦事。方是以爭而制勝的「硬體」，圓是無爭而全勝的「軟體」。「內方外圓」是微妙的，高超的做人手腕，它維護了人格的獨立，保全了人格的精華。

1　會哭的孩子有奶吃

成人用語言交流資訊，嬰孩兒用哭聲表達意願。嬰孩兒的哭，不僅僅告訴大人他餓了，更多的時候，是要大人抱他，和他一起玩，讓大人愛撫他。哭是嬰孩兒的語言，他以特殊的方式告訴大人，他需要撫愛，需要溫暖，需要慰藉。相反，不哭的孩子，大人就很少去關注他，因為他乖、不哭不鬧、不讓人煩，甚至有時竟讓人忽略了他、忘記了他。因此，愛哭的孩子也是被人撫愛最多的孩子。

俗話說：會哭的孩子有奶吃。同樣，這個道理用於工作中，同樣奏效。

放眼看開去，到處都有會哭的孩子。在公司裡，一樣的工作，一樣的業績，會「哭」的人往往會有更好的報酬，因為他一「哭」，老闆就會知道他的辛苦他的勞累，他的收入少，他的付出多，他的熱情受挫，他的後勁不足，總之老闆會被他「哭」得不加薪晉爵不足以平其憤。而再看那些默默工作，不聲不響的人，日復一日，年復一年，好事很難光顧，想想也不難理解，諾大的公司，老闆怎麼可能會注意到每一個人呢？只會做，不會「哭」，誰知道你辛苦，誰知道你勞累，誰知道你對薪水不是很滿意，誰知道你時刻想著離開，想去一個更能展現你價值的地方——不知是否想過，即使去了一個全新的地方，你仍然只是會做不會「哭」，結果是不是會一樣呢？

孟麗女士在華爾街某公司上班後，與她一起被公司錄用的年輕同事曼麗，違反公司規定偷偷告訴她，她的薪水僅僅是曼麗的一半。「美國公司很歧視外國人」她友善的說。孟麗幾乎要氣瘋了，於是她跟老闆們據理力爭。她對大老闆說：「你也許不完全知道，與我一起雇來的員工都無經驗。而且這三個月以來，我的成績最大，一共完成三個項目，其中一個是獨立完成的，給公司創匯七萬多美元，但被人搶了功。這，您知道。」她加重語氣「而且大家有目共睹我是多努力，我的上司根本沒有耐心教我任何專業知識，卻把我的成績當做他個人的功勞，在公司獲取最高的待遇。在這種情況下，我的薪水還要少於他人，這很難讓我接受。我相信，這也難以讓您接受。如果誰因為我的種族而欺侮我、歧視我，我一定和他拼到底！」她的聲音裡情不自禁的帶上了眼淚「如果我是你們家庭的一個成員，你們的小妹妹，你們會這樣待我嗎？」最終，孟麗得到公司的道歉卡，同時加薪百分之五十，並補足原來的數量。後來，大老闆告訴她，加薪的主要原因是因為她能「捨命」保護自己的權益。「一個能保護自身權益的人，就一定能保護公司的權益。」他說。

孟麗身在美國，觀念和文化有差異，但道理卻是一樣的。該出手時就出手，大膽索取，與「先付出，後得到」並不矛盾，是勇氣、信心與實力的表現。有些時候，不索取就得不到，索取就能得到，更要如此。後來上面例子中的小張終於明白了這個道理，憑自己的工作表現與努力爭取，得到老闆加薪。他深有感觸的說：「自己不去爭取，就不會得到，公司都是裝糊塗。

我覺得當自己有把握的時候，屬於自己的就應該去爭取。如果覺得現在的待遇不滿意，硬要挺下去，肯定不舒服，反會適得其反。所以一定要爭取，如果因此未爭取到，那也算看清了局勢，放棄也罷。」

人非草木，孰能無情？自己受到不公正的待遇，自然感到惱火、窩心、生氣、煩悶，這當然要影響自己的工作和生活，對身體健康也頗為不利。可見，羞於爭利，失去的不僅僅是一種利益，它會有一系列的負面後果，對此我們應有足夠的認識。

在韓劇《大長今》第二十四集裡，明朝使臣來訪，這直接關係到能否冊封世子的問題，中宗對此特別重視。崔尚宮立即將韓尚宮和長今調派到太平館，伺候明朝的使者。韓尚宮得知明朝使臣有消渴症（糖尿病）纏身，因此特地準備清淡的菜餚呈上，但明朝使臣誤以為這是怠慢他，大為震怒，韓尚宮和長今身處危難當中。長今力陳緣由，明朝使臣終於被說服，並且指定長今與韓尚宮親自為他準備留在朝鮮這段日子的飲食料理。

後來，崔尚宮雖然呈上了華麗美味的山珍海味，明朝使臣也不為所動。在韓尚宮和長今的調理下，明朝使臣的身體狀況大有好轉，在順利解決了冊封世子問題之後滿意的回國了。

這本來是韓尚宮和長今冒死立下的功勞，沒料到卻被吳兼護、提調尚宮和崔尚宮搶了去，並得到皇上和太后娘娘的誇獎。提調尚宮借這個機會，要太后娘娘將崔尚宮升為卸膳房的最高尚宮。

後來皇后娘娘從尚膳大人那裡知道了事情的真相，將實情告訴了太后娘娘。太后娘娘大怒，斥責提調尚宮和崔尚宮說：「就算皇上有這種病，你也會這麼做嗎？假裝是自己的功勞，對別人的功勞卻隻字不提。如果不是皇后跟我提這件事，差點連我都被你們瞞過去了。」

太后娘娘一怒之下，宣布這次接待明朝使臣就算作第二次競賽，韓尚宮勝出。

俗話講「林子大了，什麼鳥都有」。職場中難免有崔尚宮這樣的小人。辛辛苦苦的做完，老闆看不到已是令人鬱悶之極的事，最可惡的恐怕就是被搶功者橫插一杠。吃苦我來，功勞他享，轉眼間小人便得了勢，逐漸成了老闆身邊的紅人，而埋頭苦幹者卻只能在他的光環下繼續黯淡的生活。如果被這種小人搶功該怎麼辦？是忍氣吞聲，還是積極行動來彌補損失。從對社會的角度來看，這種「不爭」之舉其實是助紂為虐，有道德之心，而生非道德之果，正所謂播下的是龍種，收穫的卻是跳蚤。嬰兒時期的哭聲能吸引母親的注意力，尤其是雙胞姐妹或兄弟，這一點更為明顯。一個哭得厲害，一個卻不愛哭，愛哭的就會得到的愛撫多，吃的奶也多，更容易被人注意，而不愛哭的則相反。嬰孩兒的哭是一種手腕，一種招式，而成人在需要別人注意時，方法也和嬰孩兒大致相同，只不過，他把哭變成其他手腕而已。

- **智慧經：**

不妨嘗試一下「哭泣」的手腕，或許對你的人生有所幫助。

適當運用「哭」的藝術，得本該屬於我們的報酬及其他。

學會「哭」的藝術，當「哭」則「哭」，不當「哭」則絕不能「哭」。

2 說話不可太直白

從前，有一個說話太直白的人，什麼事情他都照實說，所以，不管他到哪裡，總是被人趕走。這樣，他變得一貧如洗，無處棲身。

最後，他來到一座修道院，指望著能被收容進去。修道院長見過他問明瞭原因以後，認為應該尊重那些熱愛真理，說實話的人。於是，把他留在修道院裡安頓下來。修道院裡有幾頭牲口已經不中用了，修道院長想把牠們賣掉，可是他不敢派手下的什麼人到集市去，怕他們把賣牲口的錢私藏腰包。於是，他就叫這個人把兩頭驢和一頭騾子牽到集市上去賣。

這人在買主面前只講實話說：「尾巴斷了的這頭驢很懶，喜歡躺在稀泥裡。有一次，長工們想把牠從泥裡拉起來，一用勁，拉斷了尾巴；這頭禿驢特別倔，一步路也不想走，他們就抽牠，因為抽得太多，毛都禿了；這頭騾子呢，是又老又瘸。如果做得了工作，修道院長幹嘛要把牠們賣掉啊？」

結果買主們聽了這些話就走了。這些話在集市上一傳開，誰也不來買這些牲口了。於是，這人到晚上又把牠們趕回了修道院。

修道院長發著火對這人說：「朋友，那些把你趕走的人是對的。不應該留你這樣的人！我雖然喜歡實話，可是，我卻不喜歡那些跟我的腰包作對的實話！所以，老兄，你滾開吧！你愛上哪裡就上哪裡去吧！」就這樣，這人又從修道院裡被趕走了。

任何時候都要堅持講真話，但人們聽了赤裸裸的真理往往會覺得刺耳，所以，在說出真相的時候也要選擇適當的方式。

說話一定要講究方法，對的並不一定能讓人輕易接受。只有做得恰到好處，才能夠很快的達到預期的效果。

德國詩人海涅也曾經說過：「言語之力，大到可以從墳墓喚醒死人，可以把生者活埋，把侏儒變成巨人，把巨人徹底打跨。」二十一世紀是一個競爭激烈的時代，社會的發展是高度的發展經濟資訊社會。經濟的飛速發展，資訊的迅速膨脹，以勢不可擋的趨勢擺在我們面前。由於世界科學技術的不斷發展，時代對於人才的需要也在不斷發生變化。在現代化的資訊社會裡，時代對於人才素養的一個基本要求就是要具有較強的交流資訊的語言表達能力。

雖說「良藥苦口利於病，忠言逆耳利於行」，但在現實中，真正樂於聽取逆耳忠言的寥寥無幾。在人情關係學中，要注意尊重他人，即使是指責批評，也要加以包裝和修飾，這樣對方便容易接受。俗話說得好「佛要金裝，人要衣裝」。商品要有新穎的包裝才會吸引顧客，女人要有漂亮的衣裳才能更顯現出她的美麗風姿。而說話也要像商品和衣服一樣，需要經過良好的包裝才能讓人接受和信服。這就是包裝的魅力。

老闆不是萬能的，總有可能做錯事。如何讓犯錯卻不自知的老闆明白自己的錯誤，可是門大學問。

但如果真的因為老闆做錯事而讓你看不下去或睡不著，那麼我建議你要發展個「說老闆不是」的策略，以免有任何閃失，影響自己的工作權或未來的職涯發展。

最重要的第一步是，請務必確定這是老闆犯的錯。但請別再告知主管錯誤時還帶著證據，讓老闆以為你要攤牌。

一旦百分之百確定是主管的錯時，就開始找個好時機並且觀察老闆的臉色、找個適當的場合，再設計好的起頭，告訴老闆他的錯誤。

請別在公開場合直接指出主管的錯誤，這只不過是匹夫之勇罷了。因為，老闆的面子非常重要，而且古今中外皆然。因此，請你等人群散去後，再私下找主管聊。

有好時機、找到適當的場合後，開頭的話術也會影響著你這次表達溝通是否成功。先讓老闆知道你的出發點是好的，例如「我是為了公司營運著想」或「我非常尊敬你」之類的話，接著再以輕描淡寫的方式暗指主管的錯誤。

此外，「以退為進」也是個好策略。例如：很多部屬最討厭說一套、做一套的老闆。如果你想要讓主管知道他「說一套、做一套」的錯誤，你可以以隱喻的方式，例如「我的朋友在某家公司工作，總是抱怨他的老闆說一套、做一套……」，暗示主管他所犯的錯。

一個善於說話的人，做事時一定會避其鋒芒，即使覺得某人做得不好，也不會直言相對。那些忠直的人，此時也許要實話實說，這就讓人覺得他們太過魯莽，鋒芒畢露了。有鋒芒也有魄力，在特定的場合顯示一下自己的鋒芒，是很有必要的，但是如果太過，不僅會刺傷別人，也會損傷自己。

古時候，有一個財主，因晚年得子而興奮不已，他決定在兒子生日那天大宴賓客。當天，財主問前來道喜的客人說：「你看這孩子將來會怎麼樣？」客人答道：「這孩子眉宇間散發出一種貴氣，將來定能當大官！」財主聽後，笑得合不攏嘴，獎賞了他。

財主又問另外一個客人說：「依你之見我的兒子將來會怎麼樣？」另一位客人回答說：「看這孩子的面相，即是大福大貴之人，將來肯定能發大財！」財主聽後，又是欣喜萬分，當場獎賞了另外一名客人。

財主又問第三個客人說：「你看我的孩子將來會怎麼樣？」這位卻毫不客氣的說：「將來他肯定會死。」財主一聽，頓時火冒三丈，氣急敗壞的命人把他毒打一頓，趕出宴會。

由上面的故事看來，一些真話，說出去會遭人白眼，令人討厭，而說假話又是違背良心的一種行為，許多人都不願說，從而就產生了另一種傾向，那就是含糊其詞應付了事。既然不願說假話，又不願令人討厭，最好的辦法也就只有模稜兩可問題，含糊其詞對待了。

人，總是要面對生活的。生活中，真實是重要的，真誠更加重要，這對人生、對社會無疑是有更大價值的。然而，我們所處的社會是紛繁複雜的，大家都是凡人，都期望能出人頭地。每個人心中都有這樣或那樣的欲望和念頭，不加選擇、不分對象、不分場合把什麼都和盤托出，那只會招來禍患，只有把握一定的原則，把握好其中的分寸，你才會成為一個受人歡迎的人。

- **智慧經：**

不把話說的太直白，是成功做人手腕。

說出真相的時候也要選擇適當的方式。

讓真理被肯定，需要一些手腕。

過於直言會讓人產生厭煩的感覺

3 吃虧的藝術

「吃虧是福」是我們的祖訓之一，至今被廣泛認同與傳揚。不少文章把「吃虧」描述成無私的奉獻、犧牲精神、豁達心態、成全他人的品德、瀟灑的生活態度、恬淡處世的行為等崇高的境界，所以不僅要甘於吃虧，還要勇於吃虧。

王佳為公司勤勉不懈做了六年，馬上就要升遷加薪了，卻一不留神吃了大虧：她出差期間，公司分配了需要指導的新人。等她趕回公司，好一點的新人都被別人「認領」了，只剩下一個典型的「歪瓜裂棗」：一個據說只在大專裡讀了兩年就跑出來混的小男生。

人事經理對她說：「王佳，這個人是臨時招進來的，你隨便指導指導，不出錯就好了。」王佳笑瞇瞇的點頭，心裡卻把人事經理罵了個狗血淋頭：老娘混了那麼多年，還不明白你們的伎倆，就算我嘔心瀝血把他教成了優秀員工，你們也不見得滿意，我要真的隨便你們還不把我給殺了？再說，升遷指標只有一個，同部門的小李也是虎視眈眈，如果這時候輸給了他，說不定就輸得一敗塗地。

可要想贏過小李簡直是太難了。人家小李指導的新人是正規大學畢業生，還在多家知名企業裡實習過。看來，這個虧王佳是吃定了。

同事們都很同情王佳。大家都看得出來，她指導的那個小男生真的很不適應公司的節奏，一封催貨的英文電子郵件，別人花十五分鐘可以搞定，他卻要用「一指禪」僵硬的在電腦鍵盤上慢慢敲半個鐘頭，每天都要加班兩個小時以上才能完成當天的工作量。

王佳為此頭疼得要命，不但自掏腰包買了一套打字軟體送給他，而且每天下班後都要留在辦公室裡陪他加班。好多次上司從外面談完生意回到公司開小會，都能看到辦公室裡燈火通明，王佳還在指導新來的員工。

儘管王佳如此費心費力，三個月後新員工試用期考察結束，小李指導的那位新員工的表現還是遠遠超出她指導的新員工。

出乎大家意料的是，王佳在指導新員工方面的表現遠遠不如小李，但卻贏得了部門裡唯一一個升遷指標。公司上層都知道這個新員工的能力比較差，也多次目睹王佳指導新員工的場面，他們覺得，王佳肯吃虧，有容人之量，更具有領導者的氣質。

「吃虧是福」本身是一個利益交換等式，吃虧者並不希望利益白白受損，而是希望用「吃虧」換來「福」，至於什麼是「福」。每個人的見解都不同。所以，用眼前利益的暫時損失去換取長遠的利益，這才是真正意義上的「吃虧是福」。否則，就是吃傻虧。正因為如此，還有一句話叫「吃虧在明處才是福」，明明白白的吃虧，讓關鍵人物知道你是主動吃虧，認同你的吃虧，感謝你的吃虧，你才能換取他人「知恩圖報」。

虧，要吃在明處，至少，你該讓對方「瞎子吃湯圓——心裡有數」。

胡雪巖本是江浙杭州的一個小商人，他不但善於經營，也會做人，頗通曉人情，懂得「惠出實及」的道理，常給周圍的人一些小恩惠。他不滿意目前的這種小打小鬧，他一直想成就一番大事業。他心裡一直在盤算，在當時，一貫重農抑商，單靠純粹經商是不太可能出人投地。大商人呂不韋另僻蹊徑，從商改為從政，名利雙收，所以，胡雪巖也想走這條路。王有齡——杭州的一個小官員，一直想往上爬，又苦於沒有錢作敲門磚。胡雪巖與他也有些來往，隨著交往加深，兩人發現他們有共同的目的，只是殊途同歸。王有齡對胡說：「雪巖兄，我並非無門路，只是手頭無錢，空手總是套不了白狼。」胡雪巖說：「我願意傾家蕩產來幫助你。」王有齡說：「我富貴了，絕不會忘記胡兄。」

於是，胡雪巖變賣了全部家產，籌集了幾千兩銀子資助王有齡。王去京城求官後，胡雪巖仍舊操其舊業，對別人的譏笑並不放在心上。

沒過幾年，王有齡穿著巡撫的官服登門拜訪胡雪巖，問胡有何要求，胡說：「祝賀你福星高照，我並無困難。」

王有齡非常講交情、重情義，他利用職務之便，令軍需官到胡的店中購物，這樣，胡的生意越來越好、越作越大。他與王的關係也更加密切起來。

後來，太平軍占領了杭州，王有齡上吊自殺。沒有了王有齡這個後台，胡雪巖並沒苦悶多久，他要重新尋找支持者，他看中了新任的浙江巡府左宗棠。他拿出一部分銀子，為左的湘軍辦糧餉和軍火，贏得了左的好感和信任。結果，隨著左宗棠權力的升高，胡雪巖也是吉星高照，被左宗棠舉薦為二品官員，成為大清朝唯一的「紅頂商人」。

除了本身的經商才智，胡的成功還靠他的練達的社交能力，他善於製造機會和利用機會，更知道利用人情世故，懂得吃虧，令朋友信賴他的寬厚和真誠，他也深知，今天，他給朋友的是一滴水，他日，朋友將以湧泉來相報，古人早就說過「投之以木瓜，報之以瑤琚」，胡就是以吃虧來交友，以吃虧來得利的。

因為吃虧，你就成了施者，朋友則成了受者，看上去是你吃了虧，他得了益，然而，朋友卻欠了你一個情，在友誼、情誼的天平上，你已為自己加了一個籌碼，這是比金錢、比財富更值得珍視的東西。

戰國時期，梁國與楚國相鄰，兩國在邊境上都設有界亭，亭卒們也都在各自的地裡種了西瓜。梁國的亭卒勤勞，鋤草澆水，瓜秧長勢非常好；而楚國的亭卒懶惰，西瓜秧自然長不好，與對面西瓜田的長勢沒法比。

這使楚國的亭卒覺得很沒面子，有一天夜裡偷跑過去，把梁國亭卒的瓜秧都給扯斷了。第二天，梁國的亭卒發現後氣憤難平，報告給邊縣的縣令宋就，並說：「我們也過去把他們的瓜秧扯斷好了！」

宋就說：「這樣做當然是很卑鄙的，我們明明不願他們扯斷我們的瓜身，那麼，我們為什麼再反過來扯斷人家的瓜秧呢？別人不對，我們再跟著學，那就太狹隘了。你們聽我的話，從今天起，每天晚上去給他們的瓜秧澆水，讓他們的瓜秧長得好起來，而且，你們這樣做，他們一定會知道的。」

梁國的亭卒聽了宋就的話後覺得有道理，於是就照辦了。

楚國的亭卒發現自己田裡的瓜秧長得一天比一天好，仔細一觀察，發現每天早上瓜地都會被人澆過水，而且是梁國的亭卒在黑夜裡悄悄為他們澆的。楚國的邊縣縣令聽到亭卒們的報告，感到十分慚愧，不由得非常敬佩梁國的亭卒，於是把這件事報告了楚王。楚王聽說後，也被梁國人修睦邊鄰的誠心所感動，特備重禮送給梁王，既表示自責，也表達酬謝，結果這一對敵國成了友好的鄰邦。

- **智慧經：**

吃虧時，至少要讓對方明白，讓對方意識到，你吃虧是為了幫助他。吃虧要吃在明處，否則就是白吃，結果是「啞巴吃黃連，有苦難言。」想讓別人欠個人情給你，就要學會吃虧。虧要吃在明處，吃在暗處就是白吃了。

4　不露聲色表現自己

一個潛力優厚的員工，猶如一個豐富的寶藏，你的老闆顧不上或是不懂去開發時，就需要你恰當的表現自己。

有一個年輕人，在公司一直不被重用，他借公司集體到西湖春遊之機，拜訪了高僧慧明。他對慧明說：「我是一個知名大學的大學生，已在公司辦公室兢兢業業做了八年，比我學歷低、年齡小、進公司晚的都得到了提拔重用，可是我一直是個辦公室一般的職員，請高僧指點迷津。」聽了年輕人的話，慧明雙手合掌道：「你在工作上對自己如何定位？」

年輕人說：「我老爸告訴我，做人不能太露鋒芒，出頭的椽子先爛。我認為很有道理。」慧明站起身對年輕人說：「請隨我到對面的景點看看吧。」

年輕人跟著慧明走出寺院，在湖邊找到寺裡的快艇，然後發動小油門慢慢前行。與他們同時啟航的一艘快艇加大馬力，似流星劃過天空，在碧綠的湖面犁出一道白線；晚於他們啟航的大遊船「嘭嘭」歡叫著推浪前行，也很快甩掉了他們；就連隨後而行的雙人小扁舟也走在了他們的前面……

迎面駛了過來一艘風馳電掣的快艇。艇主見慧明的快艇一直走得很慢，便在他們旁邊大聲問：「和尚，跑得這麼慢是不是沒油了？我這裡有。」慧明合掌回答道：「多謝，老衲是怕跑得快了有危險。」

一艘大遊船迎面踏浪駛回來了。船主看著慧明慢慢爬行的快艇高聲喊道：「和尚，你的快艇笨得像蝸牛，該淘汰了。」

一隻雙人小舟迎面駛回來了。舟主對慧明說：「和尚，你的快艇連個小木舟都不如，養它做什麼，報廢了吧。」慧明沒有吭聲，他回頭看看年輕人說：「我們返回吧。」

慧明調轉方向，加大油門，快艇電掣般向前飛馳，不一會就回到了清蓮寺。慧明走下快艇笑著問年輕人：「你說我的快艇究竟如何？」年輕人說：「因為他們不知道你沒加足馬力，所以才說你的快艇沒能量。」

禪師道：「是啊，其實人又何嘗不是如此呢。你學歷再高，再有才華，但你不表現出來，別人當然不知道，怎麼能看重你呢？即便你的能量有人知曉，但見你畏畏縮縮，寧願空耗生命也不敢開拓前進，人家又怎會承認、重用你呢？你又怎能快速到達理想的彼岸呢？在人才競爭激烈的今天更是如此啊。」

聽了這番話，年輕人這才頓然醒悟，明白了許多。當然，表現自己並沒有錯。當今社會，充分發揮自己的潛能，表現出自己的才能和優勢，是適應挑戰的必然選擇。但是，表現自己要看場合，如果表現得使人看上去矯揉造作、很彆扭，好像是做樣子給別人看似的，那就不好了。

威廉．溫特爾說：「自我表現是人類天性中最主要的因素。」人類喜歡表現自己就像孔雀喜歡炫耀美麗的羽毛一樣正常，但刻意的自我表現就會使熱忱變得虛偽、自然變得做作，最終的效果還不如不表現。

傑克是一家大公司的高級職員，他平時工作積極主動、表現非常好，待人也熱情大方，但是，就因為一個小小的動作卻使他的形象在同事眼中一落千丈。有一天，那是在會議室裡，當時好多人都在等著開會，其中一位同事發現地板有些髒，便主動拖起地來。而傑克好像有些身體不舒服，一直站在窗台邊往樓下看，突然，他走過去，一定要拿過那位同事手中的拖把。本來那位同事已經快拖完了，不再需要他的幫忙，可傑克卻執意要求，那位同事只好把拖把給了他。這時，剛過半分鐘，總經理推門而入，傑克正拿著拖把勤勤懇懇、一絲不苟的拖著地，這一切似乎不言而喻了。

自從這次之後，傑克以前的良好形象被這一個小動作一掃而光，大家再看傑克時，頓覺他假了許多。在工作中，往往有許多人掌握不好熱忱和刻意表現之間的界限，不少人總把一腔熱忱的行為演繹得看上去是故意裝出來的，也就是說，這些人學會的是表現自己，而不是真正的熱忱，而熱忱絕不等於刻意表現。在需要關心的時候關心他人，在應當拚搏的時候灑一把汗，只要真誠，誰都會讚許。而把握時機甚至抓住一切機會刻意表現自己，則會讓人覺得虛假而不願與之接近。

善於自我表現的人常常既「表現」了自己，又未露聲色，他們與同事進行交談時多用「我們」而很少用「我」，因為後者給人以距離感，而前者則使人覺得較親切。要知道「我們」代表著「他也參加的意味」，往往使人產生一種「參與感」，還會在不知不覺中把意見相異的人劃為同一立場，並按照自己的意向影響他人。

真正展示教養與才華的自我表現絕對無可厚非，只有刻意自我表現才是最愚蠢的。卡內基曾指出，如果我們只是要在別人面前表現自己，使別人對我們感興趣的話，我們將永遠不會有許多真實而誠摯的朋友。

日常工作中不難發現這樣的同事，其人雖然思路敏捷、口若懸河，但一說話卻令人感到狂妄，因此別人很難接受他的任何觀點和建議。這種人多數都是因為喜歡表現自己，總想讓別人知道自己很有能力，處處想顯示自己的優越感，從而希望獲得他人的敬佩和認可，結果卻往往適得其反，失去了在同事中的威信。

在人與人的交往中，那些謙讓而豁達的人們總能贏得更多的朋友。相反，那些妄自尊大、高看自己、小看別人的人總會引起別人的反感，最終在交往中使自己走到孤立無援的地步。

在交往中，任何人都希望能得到別人的肯定性評價，都在不自覺強烈的維護著自己的形象和尊嚴，如果他的談話對手過度的顯示出高人一等的優越感，那麼，在無形之中是對他自尊和自信的一種挑戰與輕視，那種排斥心理乃至敵意也就不自覺產生了。

法國哲學家羅西法古說：「如果你要得到仇人，就表現得比你的朋友優越吧；如果你要得到朋友，就要讓你的朋友表現得比你優越。」這句話真是沒錯。因為當我們的朋友表現得比我們優越時，他們就有了一種重要人物的感覺，但是當我們表現得比他們還優越，他們就會產生一種自卑感，造成羨慕和嫉妒的心態。

周先生是某地區人事局調配科的一位幹部，他的人緣兒非常好，按說搞人事調配工作是很容易得罪人的，可他卻是個例外。他剛到人事局的那段日子裡，在同時中幾乎連一個朋友都沒有，因為他正春風得意，對自己的機遇和才能滿意得不得了，因此每天都用力的吹噓他在工作中的成績，炫耀每天有多少人請求他幫忙，哪個幾乎記不清名字的人昨天又硬是給他送了禮等「得意事」，但同事們聽了之後不僅沒有人分享他的「成就」，而且還非常反感，後來還是由當了多年主管的老父親一語點破，他才意識到自己的癥結到底在哪裡。

從此以後，他開始吸取經驗教訓，很少談自己而多聽同事說話，因為他們也有很多事情要吹噓，讓他們把成就說出來，遠比聽別人吹噓更令他們興奮。後來，每當與同事閒聊的時候，他總是先請對方滔滔不絕把他們的歡樂炫耀出來，與其分享，而只是在對方問他的時候，才謙虛說一下自己的成就。

因此，做人還是謙虛一些好，謙虛的人往往能得到別人的尊重。因此，我們對自己的成就要輕描淡寫，我們必須學會謙虛，這樣我們才能永遠受歡迎。

- **智慧經：**

善於自我表現的人常常既「表現」了自己，又未露聲色。

刻意自我表現才是最愚蠢的。

做人還是謙虛一些好。

5 擁抱你的「敵人」

競技場上比賽開始前，雙方都要握手敬禮或擁抱，比賽後也一樣重複一次，這是最常見的當眾擁抱你的敵人。政治人物也常這麼做，明明是恨死了的政敵，見了面仍然要微笑著握手寒暄。

當然，當眾擁抱你的敵人，對於平常生活中的絕大部分的人很難做到，因為絕大部分人看到「敵人」都會有滅之而後快的衝動，若環境不允許或沒有能力，至少也會保持一種冷淡的態度或說些讓對方不舒服的話。可見要擁抱敵人是多麼難！

就因為難，所以人的成就才有大有小，能當眾擁抱敵人的人的成就往往比不能擁抱敵人的人大！

為什麼這麼說呢？因為能當眾擁抱敵人的人是站在主動的地位的，採取主動的人能「制人而不受制於人」。採取主動，不只迷惑了對方，也迷惑了第三者，搞不清楚你和對方到底是敵是友，甚至會誤認你們已「化敵為友」。但是敵是友只有你自己明白，但你的主動，卻使對方處於「應戰」的被動態勢，如果對方不能也「擁抱」你，那麼他將得到「心眼太小」之類的評語。所以當眾擁抱你的敵人，無論從哪個方面來看，你都是贏家！其次，當眾擁抱你的敵人，可在某種程度之內降低對方對你的敵意，也可能避免惡化你對對方的敵意，免得敵意鮮明，反而阻擋了自己的去路與退路。地球是圓的，天涯無處不相逢啊！

最重要的是，當眾擁抱敵人久了會成為習慣，慢慢的會讓你與人相處時能容天下人、天下物，進退自如，這正是成就大事業的本錢！

事實上，要當眾擁抱你的敵人並難，只要你能克服心理障礙，你可以這麼做：

——在言語上擁抱你的「敵人」，例如公開關心對方、稱讚對方，表示你的「誠懇」，但切忌顯得虛假，否則會造成相反效果！

——在肢體上擁抱你的「敵人」，例如握手、擁抱等。尤其是握手，你伸出手來，對方好意思縮手嗎？

為什麼強調「當眾」呢？就是要做給別人看，向大家傳遞你的對「敵人」的善意。

其實競爭對手是你的一筆財富！沒有競爭對手的存在，你反而不會成功！成功者百分之九十的成就來自他的「敵人」。對手倦怠，所以我們慵懶；對手緊逼，所以我們飛翔；對手出色，所以我們拔萃——競爭時代，理解「對手」的意義或許比什麼都重要。

任何人，都無法讓自己的對手不存在。他們都渴望與對手公平、公正、公開的競爭，然而，這僅僅是他們自己的渴望。對手為了競爭的勝利，則會採用一切可用的手腕，包括明的暗的黑的白的，令你防不勝防。

如果你恨得咬牙切齒，或採取躲避的態度，或是以其人之道還治其人之身，拼個魚死網破，你就錯了，這樣做對自己是毫無好處的，只能浪費自己的熱情、時間與精力。但不管怎樣，對手不會因你這樣而消失，他們只能送你一個「無能」的稱謂。

一個人的成功過程，首先應該是一個征服的過程。征服了自己，征服了對手，征服了困難，才會得以成功。世界不會按你的意願而改變，但它會因你的努力而改變。

成功者不會想做那些無聊而且無用的事情，他們會尊重對手的各種手腕，因為他們永遠都比一般人更能接受客觀現實。

他們認為，擁抱對手，自己會擁有更廣闊的天空！他們總是把對手當做夥伴，在競爭中提高自己的智慧和能力。他們認為對手不僅是敵人，也是學習的對象。他們會向對手祝願成功，攜手走向輝煌。

互相拆台只會兩敗俱傷。但是由於種種的原因，有的人把對手當做死敵，嫉妒對手的成功，結果用各種卑鄙的手腕去攻擊對手。這種做法非常不可取！應用之道，那就是：伸出你的手，去握對手的手！

洛克是舊金山一位水泥廠的老闆，由於重合同守信用，所以生意一直很順利。但在另一位水泥商羅斯進入舊金山後，情況有了變化。羅斯在洛克的經銷區內告訴建築師、承包商，說洛克公司的水泥品質不好且公司面臨著倒閉。

洛克雖然並不認為羅斯的造謠能夠嚴重傷害他的生意，但還是使他心生無名之火。

有一天，羅斯使洛克失去了一份三萬噸水泥的訂單，洛克非常憤怒，去見牧師，但牧師勸他以德報怨、化敵為友。

於是洛克在一次酒會上將他的一位顧客介紹給了羅斯。因為他的顧客所需要的水泥型號不是他公司所能生產的，卻與羅斯生產出售的水泥型號相同。同時羅斯並不知道有這筆生意。

洛克的做法讓羅斯大吃一驚並非常尷尬。羅斯難堪得說不出一句話來，有陣子結結巴巴說不出話來，他發自內心的感激洛克的幫助，他停止了散布有關洛克的謠言，而且同樣把他無法處理的生意也交給洛克做。

後來，舊金山所有的水泥生意已被他倆壟斷了。

「不要報復，化敵為友」，無疑是洛克在這一過程中取得的最寶貴的經驗。

報復是甜美的、快意的。給小人予以迎頭痛擊，想來該是多麼痛快。既然你已在想像中嘗過報復的甜美，就趕快丟掉它。你如果有「退一步海闊天空」的胸襟，一定會取得更驚人的成功。

- **智慧經：**

感謝敵人和對手吧，因為正是他們使你變得偉大和傑出。

成功者百分之九十的成就來自他的「敵人」。

對手緊逼，所以我們飛翔；對手出色，所以我們拔萃。

成功者總是把對手當做夥伴，在競爭中提高自己的智慧和能力。他們認為對手不僅是敵人，也是學習的對象。他們會向對手祝願成功，攜手走向輝煌。

6　仁慈是一種美德

人們常常把仁慈理解為同情關心弱者，仗義疏財，賑濟貧民等經濟行為。《古蘭經》的教誨不但擴大了仁慈行為的外延，而且深化了它的內涵，即仁慈不僅是一種物質上的給予與援助，更是一種精神上的理解與寬容，甚至是現代人們謀生發展的一種手腕。

仁慈是一種美德，應該是沒有錯的。一般情況下，仁慈的展現是強者對弱者和善的態度是仁慈，因為強者有，弱者無，如果弱者想向強者展現仁慈怎麼做才得體呢？曾有一部角鬥士的電影，當角鬥士把欲陰謀殺害他的對手打倒的時候，沒有殺死敵人，看台上的觀眾響起了熱烈的歡呼，他是仁慈的角鬥士的讚美聲不絕於耳，那麼這仁慈是什麼換來的呢？仁慈給人的感覺是好說話的，可以從仁慈的人身上得到更多的利益，和仁慈的人在一起會更安全，仁慈的人好欺負，就算欺負了他也不會有什麼報應的，那麼仁慈的人就是完全被動的受害者，仁慈錯了嗎？

不，答案是否定的，仁者無敵。套用佛教的話，仁者無敵就是慈悲。無敵是慈悲的一種展現，一個人慈悲就沒有敵人，以慈悲心對待所有怨害。

「仁者無敵」這是梁惠王在向孟子請教如何為政時，孟子說的話。有一次，梁惠王向孟子請教如何才能為國雪恥復仇？孟子說，只要能夠施行仁政，以民為本，那麼人民就會心甘情願為國效力。而敵國只是壓迫和剝削百姓，如果大王出兵征討他們，必然是「仁者無敵」

事實上，孟子的「仁者無敵」這句話，不僅僅是講治國者的修養，其中的道理也同樣適用於每一個人。就個人而言，道德人格的魅力也是具有強大的感召力的。人們常說「榜樣的力量是無窮的」，就是這個意思。

所謂仁者，也就是有仁德的人。孟子說：「仁也者，人也。合而言之，道也。」也就是說，所謂的仁者，就是人之所以為人的根本之道。

我們生存的環境會有許多不如意甚至不合理，雖然我們憑藉個人的力量不能改變社會，但我們能憑藉我們仁者無敵的心靈去改變自己的心情和態度。

有這樣一個故事，有個老太太，她有兩個女兒，大女兒家賣雨傘，二女兒家賣帽子，晴天的時候她就想大女兒家的雨傘賣不掉，陰天的時候她又想二女兒家的帽子沒人買了，於是每天煩惱，她有個鄰居知道了對她說：晴天的時候你可以想二女兒家的帽子好賣了，雨天的時候你可以想大女兒家的雨傘賣得好啊。果然，這樣想了，老太太每天都很開心。

這時候的仁，又是一種從容和樂觀了。心靈的力量是無窮的，面對複雜多變的社會環境，面對各種各樣不同的人，只要我們自己有一顆從容樂觀的內心，我們就可以變得堅強，就可以表現出勇敢，就可以戰勝所謂的敵人了。

俗語云：善有善報，惡有惡報，不是不報，時候未到。

也有人說，在歷史上，像岳飛這樣的好人竟因莫須有的罪名而死，而如秦檜此類叛逆卻得到了富貴，這豈不是與「善有善報，惡有惡報」背道而馳嗎？然而，「富貴」的背後是遺臭萬年，犧牲的背後卻是永垂不朽，你會選擇哪一樣呢？

《道德經》云：「上善若水，水善於利萬物而不爭」。這是說水之所以善是因為它有利於萬物生長並不爭功。是啊！為善的人就如同水一樣滋潤萬物卻不邀功，這不能不說是為善之人的另一可貴之處。

聞名世界的日本「拉鍊大王」吉田忠雄有一句名言：「如果我們散布仁慈的種子，給予別人以仁慈，仁慈就會循環給我們，仁慈在我們和別人之間不停的循環往復。」

吉田忠雄和所有的商人一樣，看中的是利潤，但有一點不同的是，他主張利潤不可獨吞。他的「吉田工業公司」將利潤分成三部分，三分之一以低價的方式交給廣大消費者，三分之一交給經銷商及代理人，三分之一留給自己的員工。

吉田忠雄「善的循環」的哲學主要展現在以下幾個方面：

（1）讓利於廣大消費者

YKK 非常注意市場調查，了解需求的「萌芽」，只要市場有需求，無論利大利小者都要生產，因此公司每年都會推出新產品，使拉鍊品種齊全，花色繁多，用途廣泛，凡是生活裡需要用拉鍊的地方，都會有 YKK（吉田工業公司的簡稱）出現。這就使消費者了解到 YKK 總是在根據他們的需要生產新產品。

（2）讓利於競爭對手和代理商

事實上，在日本的確沒有別人可以跟 YKK 相比。他不願意看到那些同行們的失敗，總是勸說他們：「你們要跟我競爭絕對勝不過我，停止吧！你們都長吁短歎的埋怨不賺錢，而我真真實實的賺大錢。請大家停止生產，做我的代理商吧！」

吉田忠雄又帶他們去參觀他的自動化流水作業工廠，總算說服了不少競爭對手。而後來證明，做他代理商的都賺了錢。在同業競爭中的七十多家廠商中，有將近四十家成了他的代理商。

（3）讓利於員工

吉田忠雄鼓勵本公司雇員購買本公司股票。目前，這家公司的職員所擁有的股份已占公司總股份的百分之五十以上，持股者每年可以獲得百分之十八的股息。

另外，他還規定，職員要把薪資的百分之十和獎金的一半存放在本公司，用來改善生產設備，每月以比日本銀行高得多的利率支付給職員利息。

最近幾年中，YKK 支出的紅利中，百分之六十給了職員，他本人只占百分之十六，家族成員占百分之二十四；職員年退休金高達三百三十萬日元。這樣做，使職員得到無窮的好處，具有很大的凝聚力，生產積極性大大提高，而絕沒罷工的事情。公司也發展得很好。

由於吉田忠雄奉行「善的循環」哲學，到了一九七〇年代中期，YKK 拉鍊在日本市場的占有率達百分之九十，在國外有一百多處辦事機構，在三十七個國家裡設有三十八個拉鍊廠，生產出全世界拉鍊百分之三十五的占有率，共擁有員工二十三萬人，年產拉鍊四百多個品種，總長度一百九十萬公里，可以在地球與月亮之間來回四次，每年的營業總額超過二十億美元，其中四分之一在海外生產和銷售。

現在，這小小的 YKK 拉鍊，也和令人矚目的松下電器、豐田汽車一樣，成為世界市場競爭中無往不勝的日本工業產品的象徵。

• **智慧經：**

仁慈是一種美德，應該是沒有錯的。

當我們展現同情心、諒解和善意時，就算是仁慈。

不論我們一生中成就了什麼，善心對幸福最有幫助。

7 讚美有分寸

戴高帽的做法常被人們所恥笑，原因有三：一來做高帽子的確很不費力，可以日產萬項；二是人人喜歡，趨之若鶩；三則是因為品味低俗、令人生厭的偽劣「馬屁」隨處都是。其實恭維分為三六九等不同品質的類別。上等品被稱為「讚美」、「讚揚」、「讚許」、「稱頌」等，下等品則被貶為「討好」、「阿諛奉承」、「溜鬚拍馬」、「獻媚邀寵。」讚美別人，是因為對方有值得讚美的地方，而且讚美本身也是自己對別人表示好感的方式。所以儘管讚美本身具有改善人際關係的作用，但這只是讚美產生的副產品，而不是唯一的目的。如果把讚美單純的當作改善人際關係的手腕，讚美就可能變得含有雜質。比如：有人買了一件新的衣服，你覺得衣服很好看，就該對這件衣服表示讚美。如果這件衣服實際並不好看，你的讚美就有奉承別人的含義了，也就是虛偽的表現，而如果是刻意的奉承，那就更不可取了。

可見，戴高帽看似簡單，其實最難。上下之分在於品味，奧妙之處存乎於心，不一而足。要想脫開令人生厭的廉價低俗，又不能過於提高成本，沒有好的生產技術是無法完成的。所以當小心謹慎、把握好「度」，否則非常容易弄巧成拙。

如果你身邊的人取得了好成績，你就應該由衷的對他說：「做得好，你真的很不容易。」對方就會覺得很高興，因為你肯定他的成績是別人所達不到的。如果你說的是：「你能取得這樣的成績真的是難得！」對方也許會覺得你的話是在諷刺他，雖然也可能你根本沒那個意思，可是說出的讚美卻給人以言不由衷的感覺，所以真正的讚美應該是恰到好處的。

恰如其分的讚美別人並不是件很容易的事。如果稱讚不得法，反而會遭到排斥。為了讓對方坦然說出心裡話，必須盡早發現對方引以自豪、喜歡被人稱讚的地方，然後對此大加讚美，也就是要讚美對方引為自豪的地方。在尚未確定對方最引以自豪之處前，最好不要胡亂稱讚，以免自討沒趣。試想，一位原本已經為身材消瘦而苦惱的女性，聽到別人讚美她苗條、纖細，又怎麼會感到由衷的高興呢？

小王長得很像一位著名演員。每當他到飯店去，初次見到他的服務小姐都會對他說：「嗨！你長得真像電影明星！」的確，無論是他的容貌還是氣質都與那位演員非常相似。一般而言，說某人很像名演員，是一種恭維之詞，被稱讚的人一般不會不高興，但我這位朋友的反應卻不同，聽了服務小姐的奉承後，原本不喜歡開口的他，變得更加沉默了。

服務小姐可能是半真心半奉承的說出那些話，但是，對方不予理會，她們也只有流露出詫異的表情。然而，小王的反應一點也不奇怪，因為服務小姐的讚美根本不得法。他了解自己的缺點，就是容易給人冷漠的印象。而那位電影明星在螢幕上所扮演的正是冷酷無情的角色。所以，如果說他酷似那位電影明星，這哪裡是在讚美，分明是指出了他的缺點。

總之，在人際交往中，因重視對別人的優點和長處進行適當的讚美，不需過多的言辭，就能讓對方產生好感，從而獲得很好的人緣。當然，讚美需要掌握分寸，要講究藝術，更要講究限度。交友忠告：嘗試讚美你身邊的人，愛人、朋友、同事都可以，可以讚美對方的衣著，或者髮型，或者好的氣色。要發自內心的、真心誠意的讚美別人。如果你覺得不好意思當面讚美，一張卡片，一條簡訊，都是不錯的選擇。

馬克是個很懂得運用讚美方式與人交往的人。在公司的一次會議上，有一個同事提了一個報告，他的報告平常無奇，現場也沒得到任何掌聲，散會後，馬克和這位同事在廁所相遇，他對那位同事說：「你剛才的報告很好，簡明扼要，我很欣賞你！」

這位同事本來就不指望自己的報告能得到誰的注意，但馬克的幾句話，卻讓他心情愉快了一天。所有與馬克相識的人，都會很快與他建立友誼。馬克也常對別的同事表示他的欣賞，碰到男孩子穿了新衣服，他會不經意的說：「哦，真帥！」碰到女孩子換了新髮型，他也會故意睜大眼睛說：「原來是你，我以為是哪個美人來了！」可以想像的是，馬克與公司裡每一個人都相處得很融洽，而良好的人際關係也給他帶來了很多收穫。

關於讚美的好處，想必是人人都清楚的。但一個有趣的事實是：所有人都喜歡聽到別人讚美自己的話，但不是所有人都愛去讚美別人。

很多人不喜歡讚美別人的內在原因就在於：他擔心他需要為這種讚美負上道德意義上的責任。因為在人的心中，主動去讚美別人，可以獲得好處，是一種投機行為，那就可能是一種

「小人行為」，只有小人才可能會一心去討好別人。他心中對於讚美別人的第一個反應，可能是「君子坦蕩蕩，小人常戚戚」或「君子之交淡如水」等。

這種想法不僅存在於他們身上，一些性格內向的人的想法也是如此：害怕去做更多的進取的事，因為擔心這種進取會造成道德意義上的責任。

其實，這種顧慮是沒必要的，世間的道德秩序早已確立。人們為追求和諧融洽的人際關係，早已經把讚美對方作為一種常用的、合適的交際手腕使用在日常生活中。即便你不愛去讚美別人，別人也還是要讚美你。從這個角度說，你也該讚美別人。既然你應該讚美別人，那就該把讚美別人這門學問做好！

下面就來說說讚美別人的訣竅所在：

(1)讚美要自然、順勢，不必刻意為之，太刻意會顯得另有所圖，可能對方不領情，反而弄巧成拙！此外，也不必用大嗓門讚美，這反而變成酸葡萄，有挖苦的味道了！最好是私下向對方表示你的看法，這種表示方法也比較容易造成雙方的情感的共鳴！

(2)讚美要看對象，像愛漂亮的女孩子你就讚美她的打扮，有小孩的母親最好讚美她的小孩，慈母眼中無醜兒，讚美她的小孩聰明可愛肯定沒錯！工作型的女孩子除了外表之外，也可讚美她的工作績效！至於男人，最好從工作下手，你可稱讚他的聰明、能力好。

（3）不要用太肉麻的詞語，能恰當的表達你的意思就可以了，而且也不宜太誇張，太誇張也會成為挖苦。一般來說，不錯、很好、我喜歡之類的用詞就夠了！

（4）多讚美小人物，因為他們平常欠缺的就是讚美！當他們有一點小表現時，讚美他們兩句，你一定能夠收穫他們的好感。

• **智慧經：**

對別人的優點和長處進行適當的讚美。所有人都喜歡聽到別人讚美自己的話。讚美需要掌握分寸，要講究藝術，更要講究限度。

8　言必行，行必果

在義大利的羅馬城，有一座有名的雕像，是一位老人張著大口，好像在呼喊什麼。這座雕像非常有名，傳說一個人如果把手伸進老人的嘴裡，但能知道這個人是誠實的還是虛偽的，對於誠實的人，他的手安然無恙，如果是個騙子，他的手就會被雕像咬掉。傳說雖是這樣，但是千百年來，從未聽說過這座雕像曾咬掉過誰的手。這座雕像的存在，以及關於他的傳說只不過說明了人世間的真誠是難以考驗的，而也正由於它的難以考驗，不真誠才永遠不能絕跡，人們對真誠的嚮往同樣也永遠不消失。

只有守信譽，才能取信於人。一個人沒有信用，人生途中就會寸步難行。一旦約定，就要努力去兌現，出爾反爾，會讓人對你失去信任，此乃人生一大忌。

所謂「守信譽」，就是說到一定要做到。這聽起來既簡單又合理，但是絕大部分人就是做不到。假如一個人兌現了他曾經許過的所有諾言，他一定會成為一位鶴立雞群般的傑出人物。

一言既出，駟馬難追。聖人接觸別人，小心言行，不為防人，只為防口。人之口舌軟而無視，人與人之間，舌之作用可當得半個人。身處高位的人，一咳嗽一眨眼都會引起下屬的關注。

五出祁山時，諸葛亮鑒於前幾次出祁山所導致的久戰兵疲，採納了長史楊儀的建議，把兵力分為兩部分，輪番出擊。第一批兵力率先出征，過了一百天再由第二批兵力替回，第二批兵力出征百天後，再由經過休整的第一批兵力替回，如此循環輪換，保證了軍隊士氣的持久。為使輪番出擊的戰術得以順利實施，諸葛亮明令規定：「違限者按軍法處治」。

兵出祁山後，後方糧草屢摧不到，營中缺糧。諸葛亮攻下鹵城後施計搶割隴上麥，用來補充軍糧。然後，又在鹵城外設下伏兵，擊敗魏軍的偷襲。司馬懿發檄文徵調雍、涼二州的二十萬人馬前來助戰。此時，蜀兵輪換期已到，後方漢中的兵馬已經出了川口，送來公文，只待會兵交換，諸葛亮傳令前線軍兵返回後方，征戰百日的士兵們各個收拾行裝，準備歸程。

正在這時，孔禮引領的雍、涼人馬二十萬已經來到，與郭淮會合，去攻襲劍閣，企圖截斷蜀兵的歸路。司馬懿親自率兵攻打鹵城。蜀兵聽後都很驚恐，形勢危急。楊儀建議諸葛亮變通一下，先留下舊兵退敵，待新兵來到再換班。

諸葛亮斷然說：「治國治軍必須以信為本。老兵們歸心似箭，他們家中的父母妻兒也盼親人回來望眼欲穿。我怎麼能因一時的需要而失信於軍民呢？」說完，下令各部，讓服役期滿的老兵速速返鄉。

諸葛亮的命令一下，老兵們幾乎不相信自己的耳朵，隨後，一個個熱淚盈眶、激動不已。這一來，老兵們反而不走了，「丞相待我們恩重如山，如今正是用人之際，我們要奮勇殺敵，報答丞相！」老兵們的熱情對在役的士兵更是莫大的鼓勵。蜀軍上下，群情激憤，士氣高昂。

五出祁山，諸葛亮雖然沒能取得預期的功績。但他設計誘殺了魏軍大將張郃，又在形勢對自己不利的情況下平安的率領蜀軍撤退回國，這不能不說有四萬服役期滿的老兵的功勞。司馬光曾經說過：「信義，是君王的最大法寶。國家靠人民保護，人民靠信義保護，不講信義，就無法使喚人民，沒有人民，就沒有辦法守衛國家。所以，古代的君王，不欺騙天下之人；稱霸天下的人，不欺騙鄰國；善於治理國家的人，不欺騙自己的臣民；善於持家的人，不欺騙自己的親人。如果上面不相信下面，下面也不相信上面，上下離心離德，最終導致失敗。這豈不是太可悲了嗎？」

早在南朝范曄的《後漢書》中就有這句話：「精誠所至，金石為開。」一語道出了待人以誠在社會交往中的作用。一個誠實的人是值得信賴的，他不會當面說別人的好話，背後卻陷害人。他不會違心的騙取他人的好感，換來對方對自己的信任，而達到自己的不可告人的目的。誠實的人是光明磊落的，他的心靈毫不遮掩的向朋友、同事等開放，他忠實於自己，也忠實於別人。

古往今來，「誠信」一向被視為修身之本，是待人處世的道德規範。這也是傳統的管理思想中所重視的「賢能」的一個重要標準。儒家思想強調「民無信不立」，宣揚「貨真價實，童叟無欺」，要求商人要「篤實至誠」。從商品經濟發展史來看，無論中外，商品經濟越發達，商業精神越旺盛，就越是恪守信用。「無商不奸」這句話並不能反映商業的本質，也不適應市場經濟的根本要求。其實，商的本質是信，而不是奸。因為成功的企業家都清醒的認識到：唯誠與信，才會給企業、給企業家帶來較高的信譽。

聲寶董事長陳茂榜，他的創業成功，憑的不是充足的金錢，而是靠兩個字——「誠」與「信」。

當他二十四歲時，他想以一百元開了家電器行，由於資金不足，他只好以五十元分別分給兩家電器中盤商做保證金，然後向他們提貨來賣。

由於陳茂榜做人誠實，做生意時特別講究信譽，因此，這兩家中盤商都很信任陳茂榜，所以五十元的保證金只不過是一種形式，其實陳茂榜向他們所提的貨高達五百元，即保證金的十倍，由此可見，「誠」與「信」有時比之金錢更有價值。

做生意第一要訣就是誠實，只有真誠待人，才能做成大生意。弄虛作假，只能是只做一次生意，終究是要弄巧成拙、慘遭失敗的。在當今，作為一個企業家，更應以誠信為本，那種開空頭支票、許願輕諾，最終只能失去信任。

對於企業來說，聲譽和信用是生命之本。縱觀現代企業中那些在競爭中被淘汰的公司，十有八九是因為企業的聲譽和信用受到了懷疑或否定所導致。所以，許多知名企業家經營之道中將企業的聲譽和信用放在首位，充分顯示了他們在商業競爭中所具有的遠見卓識。

假如你想要創立一項長久而富效益的事業，就必須準備長期與別人合作。你的產品，加上你執行守信用原則的能力，將決定著你能否在長期的經營中取得成功。如果你想要事業長盛不衰，就必須塑造這樣的成功形象。

行失於言是一種極糟糕的形象，你一定要像避瘟疫一樣避免它。

在現實生活中，與人相交相處，都要以誠心待人，以善意待人，以和氣待人，以禮貌待人。不管對師對友，對上對下，總要以誠意相處。處理人際關係最重視的就是「信」，人無信不立。對他人不撒謊，守時、守約是美德，切勿輕諾寡信，失信於人。

人際交往中誠信的建立非常重要，首先示人以誠，各種策略才能有效實行：若失信於人，任你再高明的計謀也無法實現，任何事業也很難做成。

• **智慧經：**

所謂「守信譽」，就是說到一定要做到。

一個人沒有信用，人生途中就會寸步難行。

誠信不但是人性的基礎，而且是創造財富的基石。

只有守信譽，才能取信於人。

9 善意的謊言不可少

我們從小就被教導不能說謊，「狼來了」的故事更成為經典般占據了我們道德觀念的一角。可是，長大後，我們所接觸到的種種謊言卻推翻我們小時候所學的，謊言既能改變我們的道德觀，必然有它的「實用價值」。

有這樣一個人，他在初中畢業後重考了兩次才勉強進入高中，又因好幾科不及格而被留級。這樣一個大家眼中「無可救藥」的學生，在多年後竟成了留美博士，如今則在一所大學裡擔任教授。我們很想知道他是怎麼做到的，他給我們講了這樣一個故事：

「升高二那年的暑假，當我接到被留級的成績單後，想到重考了兩次才進高中，沒想到大家都二年級了，只有我還要留在一年級，我更是自暴自棄。每天只想到操場上打籃球，功課比第一年還差；眼看就瀕臨退學的門檻，但在這時，奇蹟出現了。」

「有一天下午我蹺課去打籃球時，場上有個年輕人要找我玩球，我和他激戰了半小時，直到休息時才發現，原來他是我的生物老師。真慚愧，開學一個月了我都沒上過生物課。不過自從這次以後，每次生物課我都不敢再『逃』了。」

「接下來在一次實驗課下課前，老師竟在班上宣布說我所寫的實驗報告很有創意，是一個很有潛力的學生，再繼續努力，日後必將能成為一個生物學家。剛開始我有些不相信，因為我的報告幾乎一半以上是抄的，裡面的實驗步驟我也都沒照規矩做。可是老師說得那麼誠懇，一點也不像是在開玩笑。」

「從此以後，我就更加努力念書，不但生物成績領先其他同學，其他科目也漸有起色，高中畢業時我若考不上大學，就要去找工作了；結果我不但榜上有名，而且還是我的第一志願——師大生物系。我心裡一直很感謝那位老師，就在謝師宴上我問他，到底那次我的報告有何特點？為什麼老師要對我大力褒揚呢？」

「這位年輕的老師緩緩的說：『正如你所說，那份報告如果認真評起分來，只怕連五十分也沒有。但我也只是想試試，善意的謊言是否對你更有幫助，如今看你的成就，證明我當初那樣做並沒有錯。』聽完他的話，連我自己也傻了。也領悟到了——善意的謊言比單純的鼓勵效果更大。」

善意的謊言是美麗的。當我們為了他人的幸福與希望適度的編一些謊言的時候，謊言就變為理解、尊重和寬容了。

莎士比亞曾說過：「諂媚是煽動罪惡之鞭。」也許大家都這樣認為，說謊是一種最要不得的行為，但人與人之間的相處，偶爾還是需要些善意的謊言。

說謊就像個遊戲，你要玩，就一定要熟悉遊戲規則，生活中的謊言，必須是無傷大雅、不損人的，最好還要有積極的意圖，而且要懂得適可而止，要不然，謊話說多了，心也變得僵硬，道德標準會歪曲，人格終會喪盡。

既然謊言是避不了的，我們不妨以寬容的心情來接受它，認真來細說謊言。歸納起來，生活中的謊言可以分成以下三種：

①言不由衷：一般的謊言，如「你太太非常漂亮」、「你兒子很聰明」之類，儘管是言不由衷，但讚人又利己，聽者雖有自知之明，但也樂於接受。這種謊言是「現代社交基本法」中的第一章——讚美。

②真話假說：完全的撒謊，如老闆不升你職或不加你薪水，不管是為了安撫你或希望往後大家好相處，隨便丟個理由給你，例如：「公司今年沒有這個空缺」、「公司今年不賺錢」。這

雖然也是實情，但是真正不升你職或不加你薪水卻並不是這個原因。

這種真話假說是美麗的謊言的一部分，往往受騙的人並不知道。

③數字遊戲：數字會騙人，看你如何拿捏，如你在一份新加坡人的統計資料中看到一個問題：你喜歡居住哪一種住宅？

統計結果得出的答案是：公寓：百分之二十；平房：百分之三十；獨棟：百分之十；國宅：百分之四十。乍看之下，會覺得愛住國宅的人比較多，便做出「新加坡人喜歡住國宅」的結論，其實聰明的讀者往深一層想，將前面的數字加起來（即百分之六十），就會知道，其實不喜歡住國宅的人是比較多的。

說謊，需要一點小聰明，要懂得怎樣將謊言掩飾得跟真的一樣。而且要提防，千萬別走火入魔，聰明反被聰明誤，落入自己設的圈套而最終自欺欺人。

說好假話最關鍵的是假戲要真做，態度要誠懇，不要犯對方的忌諱。倘若你以漫不經心的態度向對方說一些聽起來舒坦愉悅的話語，即使是禮貌性的讚美，有時對方非但不接受你的心意，反而會對你產生虛偽的不良印象。因此，誠懇認真的表情是改變對方心理的重要策略。縱然你說的話完全與事實不同，是真正的假話，但只要是極具誠意的表示，對方仍會相信這是你由衷之言，自然就會對你產生良好印象，這是不證自明的道理。

記得多年以前，我到商店去買自行車，由於知道自己身長腿短，長得不成比例，選好車子付了錢之後，便請老闆把車座調低，誰知車店的老闆經過一番仔細瞧看後，以極具真誠的表情說：「先生，你的腿絕對是長的！」頓時，我投降了，飄飄的望著老闆把自行車的座調高。然後，以風馳電掣般的速度，騎著被調高座位的自行車駛向溫暖的家。路上，想著老闆充滿自信又果斷的「你的腿絕對是長的」這句話，內心不由自主的欣喜若狂。

那位老闆的讚美顯然不符合事實，而且他的動機也不清楚。縱然如此，我還是很感謝他，當然不是向他的假話感謝，而是對他那「以認真的表情作禮貌性讚美」的態度表示由衷的謝意。

謊言，在人際交往中幾乎是不可缺少的。有些人宣布自己從來不說假話，這句話本身就一定是假話。當我們得到親戚病重，獲悉朋友遭難的不幸消息，我們就時常會說一些與實際情況完全不符的假話。在這個意義上，世界上沒有不說假話的人。許多假話在形式上與人際間真誠相處不相一致，但在本質上卻吻合於人的心理特徵和社會特徵。人都不希望被否定，人都希望猜測中的壞消息最終是假的。為了人們許多合理的心願暫時不被毀滅，假話就開始發揮它的作用了。

- **智慧經：**
  善意的謊言是為了讓他人得到幸福和希望。
  善意的欺騙有時是必要的。

無傷大雅，不損人的才是善意的謊言。

10 不計前仇，以德報怨

《馬太福音》中有這樣一條教義：當有人打你的右臉時，你應該把左臉也轉過來讓他打。這話聽起來有些不可思議，但是真正信仰耶穌的基督教徒們卻將其奉為圭臬。莎士比亞時代的英國是一個基督教盛行的國度，所以無論是莎士比亞本人，還是當時的人們都對基督教的教義十分推崇。當安東尼奧面臨著從自己身上割下一磅肉，以償還夏洛克債務的命運時，他放棄了舊約中「以牙還牙」的邏輯，而遵循了新約中「以德報怨」的教誨。安東尼奧在決定從自己身上割下一磅肉的時候，實際上已經完成了從一個普通人到高尚者的昇華。

以怨報怨是動物也懂得的簡單道理，以牙還牙，以毒攻毒，雖然可以解一時之氣，卻難以平息由此產生的嚴重後果，結果總是導致仇人增多友人減少。聰明人採取以德報怨的方法，一方面可以消除對方的仇恨情緒，使其反省自己的行為；另一方面也可以使自己在行為上處於有利的一方，使輿論和觀眾都支持自己的一方。

莫迪由於好友鮑爾在自己的公司電腦上做了手腳，使他損失了幾十萬美元，心中一直憤憤不平，儘管莫迪委託律師將鮑爾關進了牢房，但他還覺得不夠。

幾年過去了，鮑爾早就被保釋出來了。他覺得對不起莫迪，幾次打電話向莫迪道歉，莫迪根本不聽，一聽是鮑爾的聲音，不容分說立刻將電話掛斷。

莫迪的妻子知道後，多次勸他應該寬宏大量，何況鮑爾是個電腦專家，對他的生意很有幫助。莫迪經過深思，覺得妻子說得很有道理，可是每次拿起電話來，心中就想起那幾十萬美元，又想起鮑爾曾像只老鼠似的偷盜過那些錢，使他的生意差點垮掉，於是又放下電話長歎一口氣。

一個多月過去了，莫迪總是處於這種矛盾中，一會覺得應該原諒鮑爾，他是個電腦專家，曾經幫助過自己；一會又想到，難道你要原諒傷害過你的人？不，不行。直到一位心理醫生告訴他：「你形成了一種心理障礙，這種障礙不僅會妨礙你與鮑爾的關係，也會妨礙你與他人的交往，必須積極清除它。」晚上，莫迪終於鼓起勇氣，給鮑爾打了一個電話，告訴他明天可以到辦公室見他。

第二天，他們談得很順利，莫迪還決定再次聘用鮑爾到公司工作，他對鮑爾說，「我相信你不會再辜負我。」鮑爾走後，漂亮的女祕書走進來看著莫迪說：「您真讓人羨慕，因為您有著海一樣的心胸，在您身邊工作，我非常愉快。」莫迪大吃一驚，這可是意外的收穫。

生活中，恩將仇報的人是屢見不鮮的，以德報怨的人卻並不多見。但只有這麼寬容和豁達的人，才能享受人生的最高境界。

在以德報怨交友上有所心得的宏女士說，現實生活中，哪有那麼多的殺父之仇奪妻之恨滅子之怨呀，有點怨有些仇有絲氣的，大不了是一些衝突，一些磨擦，遇到別人在氣頭上，自己笑一笑，也就過去了，遇到那出言不遜出手傷人的人，自己忍一忍，也就可以過去了。

大凡為人者，施人以物，人思以財還；施人以財，人思以情還；施人以情，人思麼恩還；施人以恩，人思以命還。

人施我以怨，我以德還而非惡還，就斷了怨怨相報的後路！所以說，以怨報怨怨難報，以德報怨怨易消。

恩恩怨怨何時了？如果一味想著報復敵人，其結果只能是兩敗俱傷。反之，如果以德報怨，就能使敵人成為你的朋友，成為你可以依靠的一座靠山。

淮陰侯韓信年輕時家裡很窮，由於沒有正當職業，他便到處遊蕩。由於手頭拮据，為了充飢他只得沿街討飯。

有一次，飢餓難忍的韓信來到縣城的護城河邊釣魚。旁邊有幾個洗衣服的老年婦女。有一個老婦見韓信幾天沒有吃飯，高大的身材都快支撐不住了。她很可憐韓信，連著幾天給韓信帶來飯食。韓信感謝老婦，說：「我以後一定要報答你。」老婦人生氣的說：「我可憐你幾天沒吃到一頓飯，哪裡指望你的報答？但願你成為一個有用的男子漢吧！」

韓信聽了老婦人的話，心裡很不是滋味。他悻悻的向城裡的街上走去。忽然，有人高聲喊道：「韓信，站住，不許過去！」

韓信一看，前面有一群人在街上談天，其中有一個神態驕橫的少年，叉著腿，伸著胳膊，擋住韓信的去路。韓信不想理他，那少年竟更加狂妄，指著韓信背上的那口寶劍說：「別看你身軀高大，帶著寶劍，其實是個膽小鬼，沒有什麼出息！」這時，好多人已經圍上來看熱鬧。只聽那少年說：「韓信，你要有膽量就用劍刺死我；如果不敢刺我，就只許從我兩腿之間鑽過去！」說完，又把腿叉開，擺出架勢。眾人出於好奇，一齊盯著韓信。韓信呆呆的站了好久，緩緩的俯下身子，小心翼翼從那少年胯下鑽了過去，他這狼狽不堪的樣子，頓時引起了眾人的喧鬧和譏笑。

十年過去了，韓信參加了推翻秦朝的農民起義，先在項羽手下，後在劉邦部下任將軍。他被劉邦重用之後，統兵百萬，屢戰屢勝。劉邦平定天下之後，論定韓信軍功最大，封為楚王。楚王韓信於是又回到了當年流浪受辱的故鄉，打探當年老婦人及侮辱他的那個少年的下落。當地百姓聽說，紛紛議論道：那位老婦人該富貴了，那位少年的末日到來了。

韓信終於找到了老婦人和那個少年，還召來了附近的鄉親。他賜給老婦人千兩黃金，讓她安享晚年。輪到那個曾經侮辱過韓信的人了。只見那人已經成為一個身強力壯的成年人，膽怯的跪在韓信面前。

韓信指著那個男子對左右說：「這是一個壯士。當年侮辱我時，我當然能夠殺死他。但殺死一個無知的少年又有什麼用呢？因此我一直忍了下來。今天，我任命他為中尉，掌管捕捉盜賊的事情。」

出乎意料的決定，使那位男子不敢相信自己的耳朵，也引起了百姓的驚奇和讚歎。而韓信的部下也更加信賴和效忠他們的主人了。

不計前仇，以德報怨。韓信表現了一個有氣度、有智謀的大將的胸懷。由此，人們也就不難理解，為什麼韓信能駕馭千軍萬馬，成為足智多謀的常勝將軍了。

以德報怨，可謂是交友之中的重要一環。能以德報怨者，應該是心修到一定境界、是修到一定境界，是修到一定境界的脫俗者，是賢人是聖人。

能以德報怨者，有可以天下為友之度，有開恩之智，有恕惡之心，有容陋之念！於是乎，天下者，皆可與其為友。

以德報怨，是解決仇怨紛爭的有效招法。別人對我以惡，我對別人以善，其惡也就無從為惡。

個體者交友，在通常的情況下，以德報怨一次，就會得一個朋友，以德報怨十次，就會得到十個朋友。

以德報怨是一種大度，屬於大肚能容天下難容之事的那種。以德報怨是一種氣概，屬於豪氣干雲敢於傲視天下之邪的那種。以德報怨是一種精神，它要我們超越自己的偏見；以德報怨是一種態度，它培育我們的博大胸懷；以德報怨是一種境界，它意味我們有可能戰勝自己的弱點，以德報怨是一種理想，它召喚我們走向崇高。之於個體者來說，以德報怨的具體顯現，可能簡化到一個手勢，乃至一個微笑。

- **智慧經：**

學會以德報怨，將使你活得更加瀟灑，人生更有意義。
學會以德報怨，你將擁有一份勝利的喜悅，你將永遠充實。
學會以德報怨，使你擁有了別人不能擁有的一切。

11　委婉的說出「不」

俗話說「人情難卻」，當別人向你提出要求和幫助時，你也許是有口難言，也許是愛莫能助，或者因為對方的要求不合理，或者因為對方所求的事情不可行，從原則上、邏輯上講都是應該直截了當加以拒絕的。但在社交過程中，這個「不」字又不是那麼容易說出口的。因為拒絕不當就容易令對方不快甚至惱恨，許多人就是因為拒絕不當而失去了朋友、得罪了主管、惹怒了合作夥伴等。所以，掌握一點說「不」的藝術是很有必要的。拒絕他人時總的原則是，不能損傷對方的自尊心，不能使對方難堪。

仔細回想一下，你是不是常常其實並不願答應別人，但是因為不好意思，卻又答應了？例如：有時你明明是已經答應老婆晚上要早回家陪她，但是老闆要求你留下來加班，雖然你心中百般不願意，但是你就是沒有勇氣拒絕；或是有時候你明明就是不想在週末工作，但是朋友求你幫他看一下小孩時，你又不好意思回絕。類似的例子不勝枚舉，儘管每次你都告訴自己下不為例，但是你總是做不到，不是嗎？

如果你的朋友在派對中給你一杯酒並遊說你去嘗試，而你對酒十分反感，你會怎樣拒絕他？當你的朋友邀請你和他一起去唱卡拉OK，但你認為那種場所品流複雜，且你一向歌喉平平，你會如何拒絕？你的同學向你借作業抄答案，還說會給你錢，但你覺得這樣做是不對的，那你又會如何回絕？

有些缺乏交際經驗的主管，往往習慣於運用單向思維來考慮和處理同事提出的要求，因此，儘管有時候他們做出的決定是正確的，但卻引起了同事的反感。在交往中，他們忘記一條基本原則：同級相處，並不單純為了追求「正確」，更多的時候，應該在追求「正確」的同時，兼顧「合作」和「情面」。譬如：在日常工作中，我們常常可以聽到同事之間進行類似的對話：

趙主任：「明天您能抽兩個人，幫我們科室核對一下生產成本嗎？」

吳科長：「不行，我這裡實在抽不出人來了。真對不起。」

從這段對話我們可以看出，儘管吳科長做出的決定可能是正確的，他也很注意交談的方式，十分禮貌回絕了同級的請求，但是卻仍然引起了趙主任的不快和反感。究其原因，顯然並不在於他的交談方式是否得當，而在於他純粹採用了單向思維的方式，直接的在「行」與「不行」之間進行抉擇。這樣做，勢必使自己在處理與同事的關係時，轉圜的餘地很小，也很難做到既追求「正確」，又兼顧「合作」與「情面」。在這種時候，倘若換用多向思維來考慮和處理同事的要求，其結果就會大不一樣。吳科長完全可以在下列幾種方式中，任選一種方式，來巧妙的回答趙主任：

(1)折中方式(滿足對方)：「好，我設法抽一個人給您，另一個人請您向別的科室求援，行嗎?真對不起。」

(2)緩解方式(逐步滿足對方)：「我可以抽兩個人給您，不過得過幾天。如果您急等著用，我明天先給您一個人，過五天再給您另一個人，行嗎?真對不起。」

在日常的人際交往中，熱情的幫助別人，對別人的困難有求必應，是應該的。但是一定量力而行，如果遇到做不到的事情，就要學會怎麼拒絕。如果直截了當的說「不」，會使尋求幫助的人感到失望和尷尬，一個合乎對方期望的回答，即使是拒絕，也能讓對方很容易的接受。

杜經理在會議中提出朱小姐的企劃案，受到總經理的褒獎，心裡非常高興，決定要請大家去聚餐，但是……

杜：「朱小姐，你提出來的新人研習企劃案非常好，總經理也很欣賞。」

朱：「謝謝!努力還是有價值的。」

杜：「我很高興，怎樣？今天大家想要去慶祝一下，剛好我也有空，你一定要去，今天我請客。」

朱：「真是太好了……可是，經理，真抱歉！今天我已經和朋友約好要去聽音樂會，票都買好了，這次的票還蠻貴的，實在是很遺憾！」

杜：「那，那就沒有辦法了！」

朱：「下次我一定挪出時間，謝謝你了！」

從這段對話中，我們看到了朱小姐良好的表達技巧，其中有三個要點，一是拒絕之前先肯定，當聽到經理的提議後說：「真是太好了……」；二是明確充分說明今天不能赴約的原因：「已經約好了去聽音樂會……票還蠻貴的」；三是表示誠意與感激：「下次我一定挪出時間，謝謝你了！」

如果朱小姐換一種方式，猶猶豫豫，含含糊糊：「這個……我……今天可能……」或者直截了當的說：「今天不行，今天我有約會了。」或者是勉強答應下來，這種方法要麼給對方造成傷害，要麼破壞自己的心境和計畫，處在朱小姐的位置，都是很不利的。

從這個事例可以看出，我們拒絕別人或被別人拒絕時總感覺到不好意思，其實只要語言得體、委婉，照樣能得到別人的尊重。要懂得拒絕的藝術，下面這些方法是常用的：

謝絕法：對不起，謝謝，這樣做可能不合適。

婉拒法：哦，是這樣，可是我還沒有想好，考慮一下再說吧。

不卑不亢法：哦，我明白了，可是你最好找對這件事更感興趣的人吧，好嗎？

幽默法：啊！對不起，今天我還有事，只好當逃兵了。

無言法：運用擺手，搖頭，聳肩，皺眉，轉身等身體語言和否定的表情來表示自己拒絕的態度。

緩衝法：哦，我再和朋友商量一下，你也再想想，過幾天再決定好嗎？

迴避法：今天我們先不談這個，還是說說你關心的另一件事吧……

嚴辭拒絕法：不行耶，我已經想好了，你不用再費口舌了！

補償法：真對不起，這件事我實在愛莫能助了，不過，我可幫你做另一件事！

借力法：你問問他，他可以作證，我從來做不了這種事！

自護法：你為我想想，我怎麼能去做沒把握的事？你讓我出洋相啊。

習慣於中庸之道的，在拒絕別人時很容易發生一些心理障礙，這是傳統觀念的影響，同時，也與當今社會某些從眾心理有關。不敢和不善於拒絕別人的人，實際往往得戴著「假面具」生活，活得很累，而又遺失了自我，事後常常後悔不迭；但又因為難於擺脫這種「無力拒絕症」，而自責、自卑。因此，掌握拒絕的技巧對獲得好人緣是十分重要的。

・智慧經：

巧妙的說出「不」字。

巧妙的拒絕，是伴隨你成功的一把小鑰匙。

12 在批評中加點糖

歷史上很多智人謀士，都是善用藥引的人，從而以吹灰之力，成就九鼎大事。如觸龍說趙太后，極其典型。故事說秦國進兵趙國，趙國向齊國求救兵，而齊國一定要長安君當人質才肯出兵。長安君是趙太后的小兒子，當時趙太后當權，不肯答應。大臣們輪流諫勸，都被太后頂了回去。無奈左師觸龍出面勸說。那時太后正在氣頭上，背對著他。觸龍進來慢慢坐下，先與太后聊些身體吃飯之類的家常話，又慢慢將話題轉到子女上，取得太后共識後，才順理成章道出愛子女要為他們的長遠利益考慮的道理，說明出齊當人質正是長安君建功立業的好機會，是為將來自立打基礎，終於勸動了太后。

提起批評，也許更多人的理解是「挑剔」。實則，那只是批評很小的部分。真正高明的批評，更多的是交流、引導和印證。

如果你希望你的批評可以取得良好的效果，就要在方法上下工夫。一個人犯錯後，最難以接受的就是大家的群起攻之，這樣勢必會傷害他的自尊心。怎樣批評，實際是一種說服的技巧，是一門溝通的藝術。批評的目的意在打動對方，使得對方能認識到自己的錯誤，回到正確的軌道上，而不是貶低對方，即使你的動機是好的，是真心誠意的，也要注意方式和場合等問題。

良藥苦口利於病，但在現實生活中，扶正匡謬的批評的確不如良藥那樣為人所樂於接受，甚至成了難以下嚥的「苦藥」。開展企業內的批評報導尤非易事，上下左右，利益利害；碰撞摩擦，枝蔓牽扯，批評幾乎真成了猶抱琵琶半遮面的「京城女」了。批評得好，人家接受；反之，麻煩纏身，成了「不受歡迎的人」。因此，批評要學會變「害」為「利」，使硬接觸變成軟著陸，即在「苦藥」上抹點糖，看似失去了鋒芒，但卻藥性不減。

李明進公司不到兩年就坐上了部門經理的位置，但是有個下屬不服他，有的甚至公開和他作對，錢誠就是其中的一位。自從李明做了部門經理之後，錢誠經常遲到，一週五天，他甚至四天都遲到。按公司規定，遲到半小時就按曠工一天算，是要扣薪資的。問題是，錢誠每次遲到都在半小時之內，所以無法按公司的規定進行處罰。李明知道自己必須採取辦法制止錢誠這種行為，但又不能讓矛盾加深。

李明把錢誠叫到辦公室：「你最近總是來的比較慢，是不是有什麼困難？」「沒有啊，塞車又不是我能控制的事情，再說我並沒有違反公司的規定呀。」「我沒別的意思，你不要多心。」李明明顯感覺到了對方的敵意。「如果經理沒什麼事，我就出去做事了。」「等等，錢誠你家住在體育館附近吧。」「是啊。」錢誠疑惑看著對方。「那正好，我家也在那個方向，以後你早上在體育館東門等我，我開車上班可以順便帶你一起來公司。」沒想到李明說的是這事，錢誠反而有些不好意思，喃喃的說：「不，不用了……你是經理，這樣做不太合適。」「沒關係，我們是同事啊，幫這個忙是應該的。」李明的話讓錢誠臉上突然覺得發燒，人家李明雖然當了經理，還能平等看待自己，而自己這種消極的行為，實在是不應該。事後，錢誠雖然還是謝絕了李明的好意，但他此後再也不遲到了。在批評的過程中，適時的採取先表揚後批評的方式，使得對方能樹立改正錯誤的信心，樹立全新的自我形象。因為他從你那裡得到的資訊是，自己是有優點的，即使有錯誤也能很容易的接受批評，並很快的改正。所以批評的藝術可以被稱之為一種為人處世的基本修養。

批評和罵人不同，它們之間有著本質的區別，罵人是氣急敗壞的表現，是無賴的表現，這不需要多大水準，在大街上找個潑婦，肯定能罵得十分精彩。只是，罵人的行為除了讓被罵者受傷，或者被路人恥笑之外，沒有多少意義。而批評不同，批評的過程是批評者站在一個公正的立場，站在一定的高度，透過擺事實、講道理來對人與事進行的一場論證過程，它應該有著嚴謹有力的邏輯。因此，我們是萬萬不可把罵人的行為扯進批評的範疇內。

批評別人，就要給別人服氣的理由。我們作為批評者，就首先要加強自己本身的文化修養，對批評的人和事情，要有自己獨到的眼光和見解，要公正的看待問題，而不能根據黨同伐異的態度去行事。在批評的過程中，我們要保持自己個人的意識形態，有自己的鑒別能力。然後，透過自己對問題的看法，真誠的向批評對象提出自己的意見，並指明他應該去努力的方向。只要我們的見解是正確的，意見是真誠的，態度是誠懇，別人又怎會不接受批評呢？

批評，顧名思義既要批也要評。批是批判，評是評價，當然也可以解釋為好評。不管怎樣，不能光批不評。

在批評的過程中，我們絕不可以只批評不表揚。因為不管是人還是事，畢竟都還是有一點優點的。但這麼說，也絕不是鼓勵大家在批評別人的時候先來一段表揚，在表揚以後再來一個，但是後面加上一串的批評。這麼樣的批評只能讓別人覺得我們虛假。就比如我們是老師，我們要批評學生的懶惰行為，我們可以這樣來批評：你很聰明，請以後勤奮點。而不要這麼說：你很聰明，但是你很懶惰。這兩種批評方式看著沒多大區別，但前一種批評方法已經在表揚中提出了自己對學生的要求，而後一種效果和第一種相比如何，大家肯定是心中有數了的。

金無足赤，人無完人。只要是人，就可能犯錯誤。其實，任何有上進心的人都不願意犯錯，要批評一個人的錯誤時，最好讓對方感覺到自己的錯誤。你的目的也是為了要幫忙對方，而不是為了貶低對方的品格。因此批評以適可而止、給對方留有餘地的方式為好，會讓對方感謝你的寬容。

• 智慧經：

藥有糖衣，批評不防也來點糖。

絕不可以只批評不表揚。

讓別人接受我們的批評而又不受到傷害——加點糖。

13 給自己留有轉圜的餘地

重信守諾是每個人為人處世準則，反悔行為素為君子不齒。然而凡事過猶不及，我們的文化將我們教育成一個絕對與人為善的好人，使得在許多應該維護自己利益的時候都不去據理力爭。因此，懂得反悔之道，是一個人通權達變，實現自我價值的必要開端。更是一個人生存發展的手腕。

在兩條道路的交叉路口，有一棵大樹，一位聖人在樹下靜坐思索，他的思緒突然被一位朝他飛奔而來的小夥子打斷。

「快救救我，」那位小夥子向他哀求道，「有人誤稱我行竊，正帶領一大幫人追捕我。他們要是抓住我，就會砍掉我的雙腿。」他爬上那棵樹，藏在枝葉中。「請你別告訴他們我躲藏在哪裡，」他乞求道。

聖人犀利的目光洞悉那位年輕人對他講的是實話。稍過片刻，那群村民趕到了，為首者問：「你看沒看見有一個年輕人從這裡跑過去？」

許多年以前，這位聖人曾發誓永遠講真話。所以，他說他看見過。

「他往哪裡跑啦？」為首者問道。

聖人並不想背叛那位清白無辜的年輕人，可是，他的誓言對他是神聖不可違犯的。於是，他朝樹上指了指。村民們把小夥子從樹上拖下來，砍掉了他的雙腿。

聖人在臨死的時候面對老天的最後審判，他由於對那位不幸的年輕人的行為而遭到了譴責。「可是，」他抗議道，「我已經發過神聖的誓言，只講真話，我有義務恪守誓言。」

「就在那一天，」老天回答道，「你熱愛虛榮勝過熱愛美德。」

是的，重信守諾是一個人起碼的立足品德，然而不懂變通，把它抬高到一個絕對不可越過半步的「雷池」，則是僵化呆板的表現。

拿破崙說：「我從不輕易承諾，因為承諾會變成不可自拔的錯誤。」

有很多時候由於面子、對方來頭大等各種原因，我們不能過於直接的拒絕他人的要求。除了婉轉的使拒絕容易接受外，還不妨先答應下來，然後再用反悔給他一個交代。

例如：有一天朋友找你為親戚朋友的工作幫忙，而你又無能為力時，該怎麼辦呢？

如果一口拒絕的話，對方極可能就會認為你不肯幫助他，甚至你們的關係因此而僵化，說不定以後你可能有什麼事要找到他的話，儘管他是有能力幫助你的，但對方卻記起前「仇」以牙還牙。因此，最好是使對方認為你已盡職盡力為他服務了。你不妨這樣去做：立即請對方寫份簡況包括畢業於哪所學校、所學專業、本人興趣和特長、思想表現等交給你。這樣別人就親眼看到了你想幫他忙的事實，造成別人產生可能找對了人的錯覺。然後編出一套坦率誠懇的說辭：「你的事就是我的事，我會盡力而為的。明天我馬上拿你的情況去找熟人……過幾天你再來好嗎？」

過幾天，你應該搶在人家還沒有來之時去個電話或親自上門去拜訪。「這幾天我一直為你的事活動，A公司可能沒有什麼希望。B公司卻說要研究研究。」

再過幾天，你主動找到他：「真對不起，你託的事目前都已落空了，我透過所有我熟識的人，但卻：真沒辦法，我真盡力了，等以後有機會再說吧。」儘管你根本沒去找那些熟人，但對方一定對你感激不盡。

很多時候，我們為了能達到目的，必須作出暫時讓步妥協的手腕，為的是我們能夠更好的前進，是為了給贏得成功做資助，讓自己不斷的走向強盛。

西元六一六年，李淵被詔封為太原太守，北邊的突厥用數萬兵馬多次衝擊太原城池。李淵遣部將王康達率千餘人出戰，幾乎全軍覆滅。後來巧使疑兵之計，才勉強嚇跑了突厥兵。更可惡的是，在突厥的支持和庇護下，郭子和等紛紛起兵鬧事，李淵防不勝防，隨時都有被隋煬帝藉口失職而殺頭的危險。

當時，在的人們看來，李淵當時是內外交困，必然會奮起反擊，與突厥決一死戰。不料李淵竟派遣謀士劉文靜為特使，向突厥屈節稱臣，並願把金銀珠寶統統送給始畢可汗！

為什麼李淵這麼做呢？原來李淵根據天下大勢，已決定起兵反隋。要起兵成大氣候，太原雖是一個軍事重鎮，但不是理想的發家基地，必須西入關中，方能號令天下。西入關中，太原又是李唐大軍萬萬不可遺失的根據地。那麼用什麼辦法才能保住太原，順利西進呢？當時李淵手下兵將不過三四萬人馬，即使全部屯駐太原，應付突厥的隨時出沒，同時又要追剿有突厥撐腰的四周盜寇，已是捉襟見肘。而現在要進伐關中，顯然不能留下重兵把守。唯一的辦法是採取和親政策，讓突厥「坐受寶貨」。所以李淵不惜俯首稱臣。

李淵的退步策略獲得了大豐收。始畢可汗果然與李淵修好。後來，李淵沒費多大力氣便收復了太原。而且，由於李淵甘於讓步，還得到了突厥的不少資助。始畢可汗一路上送給李淵不少馬匹及士兵，李淵又乘機購來許多馬匹，這不僅為李淵擁有一支戰鬥力極強的騎兵奠定了基礎，而且因為漢人素懼突厥兵英勇善戰，李淵軍中有突厥騎兵，自然憑空增加了聲勢。

李淵緩兵讓步的行為，雖然有很大犧牲，不管是從名譽還是物質，但在當時的情況下，不失為一種明智的策略，它使弱小的李家軍既平安的保住後方根據地，又順利西行打進了關中。

由此看來，明謀善略者暫時的讓步，往往是贏取對手的資助，最後不斷走向強盛，伸展勢力再反過來使對手屈服的一條有用的手腕。

「我保證」是語言中最危險的句子之一，所以在許諾時不要把話說得太絕對，免得忽生變故時沒有轉圜餘地。至於不能兌現的請求有時也可答應下來，但也應許諾巧妙，緩兵有術，更不應經常以拖延去反悔。

柯南道爾，《福爾摩斯探案集》作者。在他的著作改編權第一次賣給歐洲「戲劇界的拿破崙」弗羅曼時，曾對弗羅曼有一點小限制，戲裡的福爾摩斯不許有戀愛事情。當時弗羅曼並不爭執，滿口答應了這個條件，但是，後來演出的戲碼劇本裡，為了迎合一些觀眾的心理，弗羅曼還是加了些可以算戀愛也可以不算戀愛的浪漫故事過去。由於演出效果不錯，一年之後，弗羅曼在英國會見柯南道爾時，柯南道爾非但沒有責怪弗羅曼，相反還表示不反對戲裡的福爾摩基可以浪漫點。弗羅曼以後談到此事，當初他對柯南道爾讓了一步才取得今日的演出成功。要是他當時固執己見，事情可能弄僵了。

做人要給自己留有轉圜的餘地，要懂得必要時退一步，等待時機，有退才有進。

- **智慧經：**

做人要給自己留有轉圜的餘地。

懂得反悔之道，是一個人通權達變，實現自我價值的必要開端反悔時需要藉口，而在許諾時就有意留下伏筆，則會使藉口更為圓滿。

第3章　攻心為上，不戰而勝

「攻心為上」是古人所揭示的一條重要軍事規律，也是一條至高無上的處世原則。人心向背，是事業成敗的關鍵。手腕高明的人，無論是領導一個團體、指揮一支軍隊，還是治理一個國家，總是把爭取人心放在首位。

1　抓刀要抓刀柄，制人要拿把柄

生活中的許多日常用品、用具都安有把柄，方便使用。在人情關係學中，也可使用尋找把柄、製造把柄的手腕，使其為我所用，聽我調遣。

朱博是漢代的一介武將生，後來調任左馮翊地方文官，他利用一些巧妙的手腕，制服了地方上的惡勢力，被人們傳為美談。尚方禁出生在長陵一帶的大戶人家，年輕時無惡不作，一次在強姦別人妻子時，被人用刀砍傷了臉頰。如此惡棍，本應重重懲治，只因他大大的賄賂了官府的功曹，而沒有被革職查辦，最後還被調升為守尉。

朱博上任後，有人向他告發了此事。朱博覺得太沒有天理了！就去見尚方禁。尚方禁心中七上八下，硬著頭皮來見朱博。朱博仔細看尚方禁的臉，果然發現有疤痕。就將左右退開，假裝十分關心的詢問究竟。

尚方禁作賊心虛，知道朱博已經了解了他的情況，就像小雞啄米似的接連給朱博叩頭，如實講了事情的經過。頭也不敢抬，只是一個勁的哀求道：「請大人恕罪，小人今後再也不做那種傷天害理的事了。」

「哈哈哈……」朱博突然大笑道：「男子漢大丈夫，本是難免會發生這種事情的。本官想為你雪恥，給你個立功的機會，你能為我效力嗎？」

於是，朱博命令尚方禁不得向任何人洩露今天的談話情況，要他有機會就記錄一些其他官員言論，及時向朱博報告。尚方禁已經儼然成了朱博的親信、耳目了。

自從被朱博寬釋重用之後，尚方禁對朱博的大恩大德時刻銘記在心，所以，做起事來特別賣命，不久，就破獲了許多起盜竊、強姦等犯罪活動，工作十分見成效，使地方治安情況大為改觀。朱博遂提升他為連守縣縣令。

又過了很長一段時期，朱博突然召見那個當年受了尚方禁賄賂的功曹，對他進行了獨自的嚴厲訓斥，並拿出紙和筆，讓他把自己受賄的事情一一寫出來，不能有絲毫隱瞞。

那位功曹早已嚇得篩糠一般，只好提起了筆，寫下自己的斑斑劣跡。由於朱博早已從尚方禁那裡知道了這位功曹貪汙受賄的事，所以，看了功曾寫的交代資料，覺得大致不差，就對他說：「你先回去好好反省反省，聽候裁決。從今後，你一定要改過自新，不許再胡作非為！」說完就拔出刀來。

那貪官一見朱博要拔刀，嚇得兩腿一軟，又是打躬又是作揖，嘴裡不停的喊：「大人饒命！大人饒命！」只見朱博將刀晃了一下，一把抓起那位功曾寫下的罪狀資料，三兩下，將其剁成紙屑，扔到紙簍裡去了。

自此後，那位功曹終日如履薄冰、戰戰兢兢，工作起來盡心盡責，不敢有絲毫懈怠。

抓刀要抓刀柄，制人要拿把柄。智者在對手身上發現了弱點，從不會輕易放過，而足用其弱點

「拿住」他為我所用。

每個人人都想掩蓋自己的弱點和醜處，更有些心智狡猾的人城府很深，很難讓人抓住把柄。可是「道高一尺，魔高一丈」，再狡猾的狐狸也會露出尾巴。

一位富婆包養一年輕男子多年。這男子不堪忍受這種金錢與肉體的交易，與另一女子開始了戀愛。富婆由妒生恨，設計陷害這位年輕人，一天晚上，她邀請年輕人前往別墅欲行床笫之歡。年輕人不答應她的要求，富婆便將他以強姦之名告上法庭。法官問：「被告，你強姦她沒有？」年輕人回答說：「強姦了。」法官又問：「強姦幾次？」此時，年輕人裝作虔誠的樣子。回答說：「只此一次，望法官念我初犯，從輕處罰。」此語一出，富婆在廳下大喊：「我倆同居多年，他強姦我足有幾百次了！」結果，富婆不打自招，年輕人被判無罪，也由此擺脫了富婆的糾纏，與自己喜愛的女孩喜結連裡。

有些時候，找到事情的突破口，對成事有很大的幫助。

任何一個談判者，不僅應該清醒的意識到在議判中自己究竟要得到什麼，而且還要明確自己究竟能夠給對方什麼。因為談判是彼此利益、需要的交換。自己的要求自己最清楚，而對方的要求則難以把握。因此，就一場談判來講，最重要的或許就是發現對手的需要，有的時候甚至是要以有意識的行動創造對手的需要。

在談判中要能隨機應變，抓住對方的弱點給予打擊，有氣功中點穴手腕的奇妙效果。有些弱點是事先已經被我方掌握的，而有些弱點則是在對招之中對方暴露出來的，我方要隨時發現把柄。兩雄爭辯，是雙方理與氣的較量，理是氣的核心，氣是理的鋒芒，理直就氣壯，理曲則氣餒；但在一定條件下，氣盛也能使理壯三分。出色的談判家常常著意尋找對手的有關弱點，譬如釜底抽薪，使對方的銳氣頃刻消釋，束手就範。所謂有關的弱點，是指對手論點上的錯誤、論據上的缺失、論證上的偏頗或其本身性格、行為、感情上的各種局限。諸葛亮舌戰群儒的故事，是很值得欲施把柄的談判人員研習的。

初到江東的諸葛亮，作為弱國的使者，而且獨自一人，看上去給人勢單力薄的感覺。那些怕硬欺軟的謀士們，倚仗著人多勢眾，在自己的地盤，個個盛氣凌人。諸葛亮決心先打掉他們的氣焰，所以他出手凌厲，制人要害，像張昭這樣的江東首席謀士，憑他的囂張氣勢，也不過勉強與諸葛亮周旋了三個回合。他突出的弱點就是主張降曹，投降是既無能又無恥的表現。諸葛亮看準了這一點，在歷數劉備一方怎樣仁義愛民、艱苦抗擊曹操之後，話鋒一轉：「蓋國家大計，社稷安危，是有主謀。非比誇辯之徒，應譽欺人；坐議交談，無人可及，臨機應變，百無一能。——誠為天下笑耳！」一下子點到了張昭的痛處，使他啞口無言。

接下來的虞翻、步騭、薛綜、陸績、嚴畯、程德樞之流，都不是諸葛亮的對手。如薛綜與陸績出於貶低劉備，抬高了曹操的身分，這就犯了當時士大夫階層中的輿論大忌。諸葛亮一把抓住這點，斥責他們一個是「無父無君」，一個是「小兒之見」，說得兩個人「滿面羞慚」，先後「語塞」。嚴峻與程德樞完全是迂腐儒生，一個問諸葛亮「適為儒者所笑」，諸葛亮尖銳指出：「尋章摘句，世之腐儒也，何能興邦立事」「小人之德……筆下雖有千言，胸中實無一策。」甚至屈身變節，更為可悲。準確有力的擊中對方的弱點，使對方垂頭喪氣，理屈詞窮。在一場唇槍舌劍中，對手總有說漏嘴的時候，這正是窮追猛打的好機會。這種辦法用以對付傲氣十足的對手較易奏效，因為對方一丟臉便像鬥敗的公雞一樣，垂頭喪氣，沮喪不已。因此，一旦抓住他們的弱點，傲者比謙虛的人更容易打敗。

智慧經：

只要留心，辦事的突破口隨處可見。
有了突破口，才有辦成事的希望。
只要拿他最喜歡或忌諱的東西去誘惑或打擊他，他就必定上鉤無疑，授你把柄。

2　得體的讚美，會使你更迷人

長期以來，我們有一個偏見，那就是將那些善於說讚美話的人一律稱之為「馬屁精」，好像這些人人格多麼低下，多麼不恥於和人們相提並論似的。其實，這是對人際關係的一種誤解。

一位偉大的心理學家席萊說：「我們極希望獲得別人的讚揚，同樣的，我們也極為害怕別人的指責。」仔細觀察你就會發現，周圍的人或多或少都在說著讚美別人的話，只不過這種方式是多樣而已。就人際關係日益複雜的今天來說，多說讚美話不僅不是壞事，而且是好事。

在現代交際中，幾句適度的讚美對成功做人來說必不可少，一個人總想客觀的了解自己，又想得到他人的認同，如果為他人所讚美，他往往會有種成就感，也往往對讚美他的人產生好感。

伊士曼是美國著名的柯達公司的創始人，他捐贈鉅款在羅徹斯特建造一座音樂堂、一座紀念館和一座戲院。為了承接這批建築物內的座椅，許多製造商展示了激烈的競爭。但是，找伊斯曼談的商人們無不乘興而來，敗興而去，一無所獲。

正是在這樣的情況下，「優美座位公司」的經理亞當森前來會見伊斯曼，希望能夠得到這筆價值九萬美元的生意。

亞當森被引進伊斯曼的辦公室後，看見伊斯曼正埋頭於桌子上的一堆檔，於是靜靜的站在那裡仔細打量起這間辦公室來了。

過了一會，伊斯曼抬起頭來，發現了亞當森，便問道：「先生有何見教？」

這時，亞當森沒有談生意，而是說：「伊斯曼先生，在我等您的時候，我仔細觀察了您的這間辦公室。我本人長期從事室內的木工裝修，但從來沒見過裝修得這麼精緻的辦公室。」

伊斯曼回答說：「哎呀！您提醒了我差不多忘記了的事情。這間辦公室是我親自設計的，當初剛建好的時候，我喜歡極了。但是後來一忙，一連幾個星期都沒有機會仔細欣賞一下這個房間。」

亞當森走到牆邊，用手在木板上一擦，說：「我想這是英國橡木，是不是？義大利橡木的材質地不是這樣的。」

「是的。」伊斯曼高興得站起身來回答說：「那是從英國進口的橡木，是我的一位專門研究室內裝飾的朋友專程去英國為我訂的貨。」

伊斯曼心緒極好，便帶著亞當森仔細參觀起辦公室來了，把辦公室的所有的裝飾一件一件的向亞當森做介紹，從木質談到比例，又從比例談到顏色，從手藝談到價格，然後又詳細介紹了他的設計經過。這個時候，亞當森微笑著聆聽，饒有興趣。

直到亞當森告別的時候，倆人都未談及生意。你想，這筆生意落到誰的手裡，是亞當森還是亞當森的競爭者？

亞當森不但得到了大批的訂單，而且和伊斯曼結下了終生的友誼。為什麼伊斯曼把這筆大生意給了亞當森？這與亞當森的口才十分有關。如果他一進辦公室就談生意，十有八九會被趕出來的。

亞當森成功的訣竅是什麼？說來很簡單，就是他了解談話的對象。他從伊斯曼的經歷人手，讚揚他取得的成就，使伊斯曼的自尊心得到極大的滿足，把他視為知己，這筆生意當然非亞當森莫屬了。

在這個社會上，說讚美話是與人交際所必備的技巧，讚美話說的得體，會使你更迷人！

當然，讚美別人也要有技巧，因為千人千面，沒有誰會喜歡千篇一律的讚揚話。讚美別人首要的條件，是要有一份誠摯的心意及認真的態度。言詞會反映一個人的心理，因而有口無心，或是輕率的說話態度，很容易為對方識破而產生不快的感覺。再者，要讚美別人時，也不可講出與事實相差十萬八千里的話。例如：你看到一位流著鼻涕而表情呆滯的小孩時，你對他的母親說：「你的小孩看起來好像很聰明！」對方的感受會如何呢！本來是讚美的話，卻變成很大的諷刺，得到了相反的效果。若你說：「哦！你的小孩好像很健康。」是不是好多了！

所以，讚美別人時要坦誠，這樣，你所說的讚美話，會超過一般讚美話的效果，成為真正讚美別人的話，聽在對方耳中，感受自然和一般讚美話不同。

卡內基認為，在與別人相處時，應該學會尊重別人，盡量減少對別人的傷害。一個和諧的人與人關係的基礎是彼此之間互不傷害。

無論如何，在人的心中，總是喜歡聽別人的讚美。當一個人聽到別人的讚美話時，心中總是非常高興，臉上堆滿笑容，口裡連說：「哪裡，我沒那麼好，你真是很會講話！」即使事後冷靜的回想，明知對方所講的是讚美話時，心中還是免不了會沾沾自喜，這是人性的弱點。換句話說，一個人受到別人的讚美，絕不會覺得厭惡，除非對方說得太離譜了。

心理學家認為：每個人都喜歡受到別人的讚美，是因為每個人都渴望得到別人和社會的肯定和認可，所以一句簡單的讚美之詞，可使人振奮和鼓舞，使人得到自信和不斷進取的力量。

某校有一位同學，在一次命題作文中，抄襲了一期雜誌上的一篇散文。極為巧合的是，語文老師恰恰手裡有這一期雜誌。多年的從教生涯，使他深深懂得，保護學生的自尊要鼓勵和讚揚，這比用挖苦和指責所收到的效果要好得多，因為它給同學的，是正面的引導和促進。所以，他沒有批評學生，而是把這位同學私下叫到房間裡，稱讚這篇散文寫得很好，並讓他分析了文章結構和起承轉合，囑咐他向更高的寫作目標奮鬥。結果，這一次保護面子的讚許行動，在這位同學心中留下了極為深刻的印象。他真的愛上了寫作，靠著自己的執著和勤奮，終於成為了知名的業餘作家。讚賞的力量有時的確是十分驚人的，它簡直到了點石成金的程度。

美國馬斯洛層次理論認為：自尊和自我實現是一個人較高層次的需求，它一般表現為榮譽感和成就感。而榮譽和成就的取得，還需得到社會的認可。讚揚的作用，就是把他人需要的榮譽感和成就感，拱手相送到對方手裡。當對方的行為得到你真心實意的讚許時，他看到的是別人對自己努力的認同和肯定，從而使自己渴望別人讚許的願望在榮譽感和成就感接踵而來時得到滿足，並在心理上得到強化和鼓舞。他能養精蓄銳，更有力的發揮自身的主觀能動性，向著自己的目標衝擊。

在我們的生活中，一個善於發現別人長處，善於讚揚別人優點的人，絕不是單方面的給予和付出，同時他也會得到很大的收穫。不知你是否也有這方面的體驗，讚揚別人，往往也會激勵自己。別人的精神會感染我們，別人的榜樣會帶動我們，人家可以，而我們又為什麼不可以呢？

- **智慧經：**

讚揚是人際交往的潤滑劑。

讚美有利於事情的解決。

讚揚和欣賞，能滿足人的榮譽感，能使人終身難忘。

多一些讚美，以贏得別人的好感。

3　不妨用用激將法

主管下命令的最高境界是要使自己的下屬在未受到主管的命令時，基於本身的意願去完成主管所要交待的任務。

屬下本身想往右邊前進，但是主管如果命令「往左走」時，他也只能服從。如果你有能力不須下達命令就能使下屬本身認為「應該往左走」，這就可以說是最理想的狀態了。

如果達到了這種理想的狀態，屬下必然是情緒高漲，意志高揚，並且能夠充分的發揮其工作能力，以達到你的要求，屬下也因此得到了充實感和滿足感。即使工作迫在眉睫，也能從容不迫的完成。

這條原則對於解決某些企業管理的重大難題，對於促進企業的再生和發展，同樣是一條有效手腕。

三國時期的諸葛亮是名副其實的用兵好手，他最愛用的手腕就是軍令狀，軍令狀實際上就是對部下不信任，「空口無憑，立書為證」，把人家的小辮子先抓在自己手裡再說。不但對馬謖，就是劉備的鐵打兄弟張飛、趙雲，當他們去打武陵、桂陽時，諸葛亮也要人家先立軍令狀。更有意思的是諸葛亮在派關羽去華容道時，明明算計清楚了關羽要放曹操，也要關羽先立軍令狀。諸葛亮最愛用的辦法之二是「激將法」，戰馬超之前要先激張飛，說誰也打不過馬超，要請關雲長來；打張郃前要激黃忠，說除了張飛誰也敵不過張郃；征孟獲時又激趙雲、魏延，要他們不聽將令，私自出兵。

激將法是人們熟悉的計謀形式，既可用於己，也可用於友，還可用於敵。激將法用於己的時候，目的在於調動己方將士的殺敵熱情。激將法用於盟友時，多半是由於盟友共同抗故的決心不夠堅定。諸葛亮對東吳用的便是此計。激將法用於敵人時，目的在於激怒敵人，使之喪失理智，做出錯誤的舉措，以己方以可乘之機。激將法也就是古代兵書上所說的「激氣」、「勵氣」之法和「怒而撓之」的戰法。前者是對己和對友，後者則是對敵。

人不是簡單的工具，更不是機器，企業管理需要人性化，尊重員工的個性，要富於人情。只有這樣，才能激發員工對工作的熱情，發揮他們積極性、主動性、創造性。當然，要想最大限度的發揮每位想進取的員工的積極性、主動性、創造性，那還需要激將的配合。

「請將不如激將」，給予員工的工作要富有挑戰性，這樣的工作能夠激發員工的工作鬥志，員工本人總會想方設法去完成。要讓員工感覺到自身工作的價值。當任務完成時，員工心中就會有成就感了。

當鋼鐵大王卡內基以一百萬年薪，聘請查理．布朗為該公司第一任總裁時，全美企業界為之議論紛紛。因為在當時，百萬年薪已是全美最高，布朗對鋼鐵並不十分內行，卡內基為何要付那麼高的薪水呢？原來卡內基看上他善於激勵部屬的特殊才幹。

布朗上任不久，他管轄下的一家鋼鐵廠產量落後，他問該廠廠長：「這是怎麼一回事？為什麼你們的產量老是落後呢？」

廠長回答：「說來慚愧，我好話與醜話都說盡了，甚至拿免職來恐嚇他們，沒想到工人軟硬都不吃，依然懶懶散散。」

那時正是白班快下班，即將要由夜班接班之時。布朗向廠長要了一枝粉筆，問白班的領班說：「你們今日煉了幾噸鋼呢？」

領班回答：「六噸」

布朗用粉筆在地上寫了一個很大的「六」字，默不作聲地離去。

夜班工人接班後，看到地上的「六」字，好奇問是什麼意思。白班工人說：「總裁今天來過了，問我們今天煉了幾噸鋼，他聽領班說六噸，他便在地上寫了一個六字。」

第二天早上，布朗又來工廠，他看到昨天地上的「六」字已經被夜班工人改寫為「七」字了。

白班工人看到地上的「七」字，知道輸給夜班工人，內心很不是滋味，他們決心超過夜班工人，大夥加倍努力，結果那一天煉出了十噸鋼。

在日夜班工人不斷競賽之下，這家工廠的情況逐漸改善。不久之後，其產量竟然躍居公司裡所有鋼鐵廠之冠。布朗只用一枝粉筆，就能鼓舞人們奮發向上的本領，這就是他獲得全美最高薪的主要原因。

用激將法，喚起下屬的自尊心。你可以對下屬說：「這種工作很難辦，我看算了！再去另外安排別人吧！」「這種工作恐怕只有李某才能完成好！你說是嗎？」對方若是自尊心強的人，肯定會不服氣的說：「這種工作對我來說也是小菜一碟，你相信自己會比××做得更好！」但如果下屬是個毫無實力且會吹牛皮的人，你也不能讓他負責這項工作，較為妥當。你在運用這些方法激起下屬的意志力而使他聽命於你的策略時，你首先要認同對方的立場和想法，並給予高度的評價與信賴。避免使用欺騙等卑劣的手腕，從而使下屬自願的為你效勞。

- **智慧經：**

激將要活用、巧用。

激將可更好的完成任務。

主管可用激將來發揮屬下的潛能。

4 引發共鳴，拉近距離

與人初識，要談得有味，談得投機，談得其樂融融，雙方必須確立共同感興趣的話題。有人認為，素昧平生，初次見面，何來共同感興趣的話題？其實不然。生活在同一時代，同一國土，只要善於尋找，何愁沒有共同語言？一位小學教師和一名泥瓦匠，兩者似乎沒有投機之處。但是，如果這個泥瓦匠是一位小學生的家長，那麼，兩者可就如何教育孩子各抒己見，交流看法；如果這個小學教師正要蓋房或修房，那麼，兩者可就如何購買建築材料、選擇修造方案溝通資訊、切磋探討。只要雙方留意、試探，就不難發現彼此有對某一問題的相同觀點、某一方面共同的興趣愛好、某一類大家關心的事情。有些人在初識者面前感到拘謹難堪，只是沒有發掘共同感興趣的話題而已。

我們設想一下，假如你坐在火車上，已經坐了很久了，而前面還有很長很長的路程。你想與他人講講話，卻不知如何開口，這時，你就要盡力使你的談話裡顯得趣味十足。

「若看看一路上的高山，倒會使人高興起來。再過一兩個月去爬山，那一定更有趣。」

「唔，唔！」他含糊的答應著。

他顯然對這個話題不感興趣。這時你再也沒有勇氣說下去了。

假若一個話題對他富有興趣，那麼無論他是如何沉默的一個人，他也會發表一些言論的。因此你在談話的停滯之中，思考了一番後，又重新開始了。

「剛才車上放的歌曲真動聽，」你說，「將要舉辦一次別開生面的演唱會。聽說是×××個人演唱會！」

你身旁的那位乘客坐起來了。

「你覺得×××的歌唱得怎麼樣？」他問。

你回答：「唱得很好，我很喜歡聽。」

「你喜歡聽她的哪首歌？」他急著問。

由此可見，他的確是個文藝愛好者，並對×××敬慕非常。於是你可以說：「我很喜歡聽她演唱的××歌曲。她不僅歌唱得好，人也好！」

這位乘客聽了這話便興高采烈，滔滔不絕談了起來。

毫無疑問，與素不相識的陌生人見面，雙方免不了都要存有警戒心甚至敵意。這種心理狀態會毫不留情的束縛住雙方。人際交往中，尤其是初次交往，盡量讓對方放鬆心情，消除他本身的心理障礙，是首先要解決的問題。「酒逢知己千杯少，話不投機半句多」。在初交時，如果不能打開對方的心扉，一切努力都會變成泡影。要衝破對方的「警戒」線，只有讓對方感覺到你是可以信任的。那麼，怎麼才能讓對方信任你，也就是說怎樣把你對對方的尊重和信任的態度傳達給他呢？

基本的手腕便是以同情共感的態度來了解對方的煩惱與要求。這就是心理學中所說的「共鳴」，也叫「移情」。

一個陌生人在你面前並不可怕，可怕的是你不能與他交談。你只要主動、熱情的透過話語，同他們聊天，努力探尋與他們交談的共同點，贏得對方的好感，這樣就能拉近你們之間的距離。

人與人之間交往，是從交談開始的，交談是交朋友、拉近距離、在思想上溝通的有效手腕。許多事就是在不經意的交談中找到雙方的共同點，在思想上和心理上產生一種共鳴，達成一種共識，從而獲得別人的認同。交談是交流、引發共鳴、交上朋友的最好方法。

面對陌生人，你要想法使對方和你的感情產生「共鳴」，而一旦產生了感情的「共鳴」，談話的雙方便由陌生人成為好朋友。

兩個人從某站上車，坐在椅上。

「你好，請問你在什麼地方下車？」其中一人問對方。

「到終點站，你呢？」

「我也是，你到什麼地方？」

「我去找女朋友，你是此地人吧？」

「不是的，我是從外地來找親戚的。」

經過雙方的言語試探，雙方都對這個城市很熟悉，都是外來者，這樣他們的共同點就彼此清晰了。兩個人發現對方的共同點後談得很投機，下車後還互邀對方做客。

一般情況下，和別人初次見面，彼此都會感到緊張與尷尬。但只要雙方能找到共同點，有共同的話題，就能很容易的拉近彼此的距離。比如說，雙方都是離鄉背井，外出求職的，又是同一所學校畢業，還認識共同的人等，在交談過程中他們就會倍感親切。再比如剛開始見面時，一方問對方：「請問你是哪裡人？」或者是「你是哪所學校畢業的？」如果對方回答：「我是人。」他就會接著說：「啊！我去過。我記得當地最具特色的產品有……」這樣用不了幾分鐘，兩人便可以聊得非常熱乎，彷彿是多年不見的朋友一樣。

尋找共同點的方法有很多，譬如共同的生活環境，共同的工作任務，共同的行路方向，共同的生活習慣等等，只要我們用心去發現，與陌生人無話可講的局面是不難打破的。

• **智慧經：**

產生共鳴，有利於人際交往。

產生共鳴，陌生人變朋友。

共鳴將兩個人的心拉近。

5 人情做足才有「殺傷力」

「感情投資」是人際交往的有效手腕之一，只要你有足夠的投資，就一定能獲得豐厚的回報。做好關係，也要從這一點做起。

一個人可以有好幾種投資，對於事業的投資，是買股票；對於人緣的投資，是買忠心。買股票所得的資產有限，買忠心所得的資產無限。

很多人都有一本或數本的銀行存摺，如果你過年存五萬元，到了年底，你會發現，存摺上不只是五萬元，還有利息！人際關係也是如此。

真正頭腦靈活的人，是在自己能力範圍之內盡量「給予」的。而受到此種看似不求回報的好意的人，只要稍微有心，絕不會毫無回禮的，他會在能力所及的情形下與你合作。透過此種交流，彼此關係自能越來越親密，越來越有力，終至成為對你很有幫助的人。

在物欲橫流的今天，有一些酒肉朋友經常不歡而散，人們不禁感歎：人生難得一知己。要想獲得一知己，你必須付出義憤真誠。

在日常生活中遇到意想不到的人或好意，往往帶給人意外之喜。這種情形下，心中常常只有感動二字。所以，為了要讓對方腦海中為自己留下深刻的印象，一些意想不到的行動是很具效果的。

唐玄宗李隆基親自為他手下的一個將領煎藥，在吹風鼓火時，燒著了鬍鬚，當侍從們趕來時，他莞爾一笑，說：「但願他喝了這藥病就好了，鬍鬚有什麼可惜的呢？」一個皇帝為他的手下親自煎藥，這真是天大的人情，把人情做得如此之足，怎不叫屬下以死相報呢？人情的殺傷力可謂大矣！

處世高手都善於感情投資，因為投入一分人情，別人會以雙倍利息的人情送還。人生什麼錢債都可以還清，但人情債是永遠還不清的。投資感情，收穫人情，一生何處不逢春。

春秋戰國時期，齊國的孟嘗君，趙國的平原君，魏國的信陵君和楚國的春申君並稱為戰國四公子。據記載，這四個人的門客有時多達三千人，只要有一技之長，即可投到門下，他們一視同仁，不分貴賤。他們以養士而著名，也因養士而基本上保全了國家。要養士就要有大度的性格、容人的雅量，不然則會所養非士。在這一方面孟嘗君容人、容才的度量就不是一般人能學得到的。孟嘗君的一個門人與孟嘗君的夫人私通，有人看不下去，就把這事告訴了孟嘗君：

「作為您的手下親信，卻背地裡與您的夫人私通，這太不夠義氣了，請你把他殺掉。」孟嘗君說：「看到相貌漂亮的就相互喜歡，是人之常情。這事先放在一邊，不要說了。」

一年之後，孟嘗君召見了那個與他夫人私通的人，對他說：「你在我這個地方已經很久了，大官沒得到，小官你又不想做，衛國的君主與我是好朋友，我給你準備了車馬、皮裘和衣帛，希望你帶著這些禮物去衛國，為衛國國君效勞吧。」結果，這個人到了衛國受到重用。

古語曰：殺父之仇，奪妻之恨，不共戴天。而孟嘗君卻能容忍偷妻者，其度量可謂大矣！可是，物有所施，亦有所報。

後來齊國、衛國的關係惡化，衛君很想聯合天下諸侯一起進攻齊國，那個與孟嘗君夫人私通的人對衛君說：「孟嘗君不知道我是個沒有出息的人，竟把我推薦給您。我聽說齊、衛兩國的先王，曾殺馬宰羊，進行盟誓說：『齊、衛兩國的後代，不要相互攻打，如有相互攻打者，其命運就和牛羊一樣。』如果您聯合諸侯之兵進攻齊國，這是您違背了先王的盟約，並且欺騙了孟嘗君啊。希望您放棄進攻齊國的打算。您如果聽從我的勸告就罷了，如果不聽我的勸告，像我這樣沒出息的人，也要用我的熱血灑濺您的衣襟。」衛君在他的說服和威脅下，終於沒有進攻齊國。如果當初孟嘗君聽信了別人的話把那個與夫人私通的人殺了，又有誰能站出來阻止衛國對齊國的進攻呢？看來是孟嘗君的寬容感動了那個與妻子私通的人，所以這個人不惜以生命為代價來勸阻這場戰爭，這難道不是孟嘗君寬容性格換來的結果嗎？

把人情做足，好人做到底，你就要想他人之所想，急他人之所急，在對方最困難、最需要幫助的時候，給對方一個人情，殺傷力更大。

人情做足才有「殺傷力」。人情做足了自然會贏得他人的萬分感激，讓對方記掛你一輩子。人情是維繫群體的最佳手腕和人際交往的主要工具。只有懂人情味的人，才能獲得「人情效應」這一微妙的人情關係。以情感促進生意，突破他們的心理防線，在企業、產品、推銷員和顧客之間建立起情感的聯繫，一旦形成了這樣的聯繫，購買行為就會隨之發生，甚至持續發生。

拉第埃走馬上任後，遇到的第一個棘手問題是和印度航空公司的一筆交易。由於這筆生意未被印度政府批准，極有可能會落空。在這種情況下，拉第埃匆忙趕到新德里，並且參見談判對手印航主席拉爾少將。在拉爾接見時，拉第埃對他說：「因為是您使我有機會在我生日這一天又回到了我的出生地。」接著，他介紹了自己的身世，說他於一九二四年三月四日生於加爾各答。拉爾聽後深受感動，並邀請他共進午餐。拉第埃見此情形，打鐵趁熱，從公事包中取出一張相片呈給拉爾，並問：

「少將先生，您看這照片上的人是誰？」

「這不是聖雄甘地嗎？」拉爾回答。

「請您再看看旁邊的小孩是誰？」

「就是我本人呀！那時我才三歲半，隨父母離開印度去歐洲途中，有幸和聖雄甘地同乘一條船。」

拉第埃說完這些話，拉爾已經開始動搖了。當然，這筆生意也就成交了。

拉第埃的這一招，正應了古代兵法的所謂「攻心為上」。他首先說的一句話即巧妙的讚美了對方，又逗起了對方聽下去的興趣；接著，他由自己生平的介紹解除了對方「反推銷」的警惕和抵抗，拉近了雙方的距離；最後，又用甘地的照片徹底打動了對方，由此而產生感情共鳴，而這種感情共鳴產生的時候，也正是成交的時機。可以說，拉第埃的這次生意，是情感推銷的完美範例。

在做人情方面，一定要看得開，決定去做的人情，一定要做足，做足人情並非自己「自作多情」、「一個願打，一個願挨」，而是「放長線釣大魚。」人情做足了，才具有殺傷力，才能把想辦的事辦好。

- **智慧經：**

人際交往需要情義。

成功，需要情義。

情深義重，會叫對方記掛一輩子。

把人情做足，好人做到底。

6　不給對方機會說「不」

當你與別人交談的時候，不要先討論你不同意的事，要先強調，而且不停的強調你所同意的事。因為你們都在為同一結論而努力，所以你們的相異之處只在方法，而不是目的。

讓對方在一開始就說「是，是的」。假如可能的話，最好讓你的對方沒有機會說「不」。「懂得說話的人都在一開始就得到許多「是」的答覆，接著就把聽眾心理導入肯定方向。就好像打撞球的運動，原先你打的是一個方向，只要稍有偏差，等球碰回來的時候，就完全與你期待的方向相反了。

當一個人說「不」，而本意也確實否定的話，他所表現的絕不是簡單的一個字。他身體的整個組織——內分泌、神經、肌肉——全部凝聚成一種抗拒的狀態，通常可以看出身體產生一種收縮或準備收縮的狀態。總之，整個神經和肌肉系統形成了一種抗拒接受的狀態。反過來說，當一個人說「是」時，就沒有這種收縮現象產生，身體組織就呈前進、接受和開放的態度。因此開始時我們越能造成「是」的情況，就越容易使對方注意到我們的終極目標。

這種「是」的反應是一種非常簡單的做人手腕，但是卻被人們忽略了！一般看來，「不」的反應是最難克服的障礙。當對方說了一個「不」字之後，他那本性的自尊就會迫使他繼續堅持下去。雖然以後，他也許發現這樣的回答有待考慮。但是，他的自尊往哪裡擺呀？一旦說了

「不」，他就發覺自己很難再擺脫。所以，如何讓對方一開始就朝著肯定的方向作出反應，這對結果是很重要的。

約瑟夫．艾利森是西屋電氣公司的一位業務代表，在他的轄區內有個人，公司一直很想和他做生意。艾利森接管以後，與對方多次商談、打電話，終於賣了些引擎給他。既然有了開始，以後就不難再繼續下去。之後，艾利森情緒高昂的再度拜訪對方。

接待艾利森的是對方的總工程師，這位總工程師向艾利森公布了一個驚人的消息：「艾利森，我不能再買你們的馬達了。」

「為什麼？」艾利森驚訝問道。

「因為你們的引擎太熱了，我不能把手放在上面。」

艾利森知道爭論是沒有用的，這時艾利森想起了「是」反應的原則。

「啊，史密斯先生，」艾利森說道，「我百分之百同意，假如那些引擎真的大熱，就不要再多買了。您這裡一定有符合電氣製品公司標準的引擎吧？」

總工程師表示同意，艾利森得到了第一個「是」反應。

「電製品公司一般規定引擎的設計，其溫度可高出室溫攝氏二十二度，是嗎？」

「是的。」總工程師又表示同意，」但是你們的產品還是太熱了。」

「工廠裡的溫度是多少？」艾利森問道，並沒有與總工程師爭辯。

「啊，大概是攝氏二十三度左右。」總工程師回答。

「很難。」艾利森說道，」假如工廠內的溫度是二十三度，則引擎的溫度可高達二十三加上二十二度，也就是攝氏六十四度。假如您把手放在六十四度的熱水下，是不是可能會燙傷呢？」

「是的。」總工程師不得不這樣說。

「很好。」艾利森建議道：「那麼，是不是最好不要把您的手放在引擎上呢？」

「我想你說得一點不錯。」總工程師承認。在往後數個月裡，他們又成交了將近三萬五千多美元的生意。

也許還會有人以為，在一開始便提出相反的意見，這樣不正好可以顯示出自己的重要而有主見嗎？但事實並非如此，在現實生活中，這種「是」反應的技術很有用處。

尼克要開一個戶頭，布拉爾先生就給他一些平常表格讓他填。有些問題他心甘情願回答了，但有些他則根本拒絕回答。

在研究做人的手腕之前，布拉爾一定會對尼克說：「如果您拒絕對銀行透露那些資料的話，我們就無法讓您開戶頭。」當然，像那種斷然的方法，會使自己覺得痛快，因為表現出了誰是老闆，也表現出了銀行的規矩不容破壞。但那種態度，當然不能讓一個進來開戶頭的人有一種受歡迎和受重視的感覺。

那天早上，布拉爾決定採取一點實用的普通常識。他決定不談論銀行所要的，而談論對方所要的。最重要的，他決定在一開始就使客戶說「是」，「是」。因此，他不反對尼克先生，而是說：「您拒絕透露的那些資料，也許並不是絕對必要的。」

「是的，當然。」尼克回答。

「你難道不認為，把你最親近的親屬名字告訴我們，是一種很好的方法，萬一你去世了，我們就能正確並不耽擱的實現你的願望嗎？」布拉爾又問。

尼克又說：「是的。」

接著，他的態度軟化下來，當他發現銀行需要那些資料不是為了自己，而是為了客戶的時候，他改變了態度。在離開銀行之前，尼克先生不只告訴布拉爾所有關於他自己的資料，還在布拉爾的建議下，開了一個信託戶頭，指定他母親為受益人，而且很樂意回答所有關於他母親的資料。

記住：若一開始你就讓對方說「是」，他就會忘掉你們爭執的事情，而樂意去做你所建議的事。

蘇格拉底是人類歷史上最偉大的哲學家之一，他改變了人類的思考方式。在兩千四百年後的今天，大家仍尊他為最具智慧的說服者，因為他對這個紛爭的世界影響很大。

他的祕訣是什麼？他指出別人的錯誤嗎？當然不是。他的方法現在被稱為「蘇格拉底法則」，也就是我們提到的「是」反應技巧。他問些對方同意的問題，然後漸漸引導對方進入設定的方向。對方只好繼續不斷回答「是」，等到你覺察時，你們已得到設定的結論了。

所以，下次你告訴別人犯錯的時候，請記住蘇格拉底的這一有效的法則，問些溫和的問題——一些能引發別人作出「是」反應的問題。

• **智慧經：**

讓對方說「是」，其實是一種很簡單的做人手腕。

如果你想使人信服，就應該記住讓對方很快的回答「是」。開始的時候就讓對方說「是」，唯有如此，才能將對方導向正面方向。

7　用信任換取忠誠

管理者一般都希望屬下對組織有一種強烈的忠誠感。忠誠是相互的。如果管理者都能夠信任自己的屬下，就能夠得到屬下的這種忠誠。對一個企業而言，如果經理期望屬下對自己忠誠，經理就必須對屬下完全的信任。

如果你的主管懷疑你的能力或其他毛病時，你一定會不高興，要找主管論理，脾氣溫和者從此會士氣大消，如毒辣者，會暗懷在心。這些都屬於「疑」字，不徹底解決會鬧起矛盾，給公司帶來極不好的影響。因此，作為公司主管，一定要引以為戒，要有寬宏大量的氣概，切記：展示信任，換取忠誠。

信任可以增強下屬的責任感。作為管理者，只有對下屬充分信任，以信任感激勵下屬的使命感，下屬才能更加自覺認識到自己工作的重要性，才能在工作中盡職盡責。

信任可以增強下屬的主動進取精神。《尋求優勢》一書中有這樣一句話：「實際上，沒有什麼東西比感到人們需要自己更能激發熱情。」信任就意味著放權，管理者因信任下屬，也就敢於放權，下屬得到了工作的主動權，就能放開手腳，積極大膽進行工作，有所發明，有所創造。

信任可以使人才脫穎而出。人才的成長不僅在於他內在的素養，也依賴於外在的條件，「時勢造英雄」這句話充分說明了環境條件在人才成長中的重要性。下屬一旦受到上司的信任，就會產生一種自我表現的強烈欲望，充分調動自身的潛能，把工作做得好上加好，以贏得上司更大的信任。因此，選拔與重用是加速人才成長的重要途徑。

信任可以留住人才。組織與組織之間的人員流動是正常的和不可避免的，但人才的流失，對組織是有害的。信任是管理者的良好品格，會像磁石一樣吸引住人才：猜忌、多疑則是一種病態心理，最容易導致人才的流失。

劉備被曹操追至當陽長坂坡，有人說趙雲投奔了曹操，劉備馬上說：「趙雲是知交故友乃忠義之士，在患難之際，決非二意。」結果，趙雲救回後主而歸。

對屬下信任，他才鞠躬盡瘁，因為你肯定他的奉獻，衷心欣賞他的才華，把他視為朋友兄弟。作為主管，不能信聽謠言或說三道四，無故懷疑屬下的能力和才幹，都是對工作不利。

對屬下的信任，可展示主管廣闊的胸襟，能換取屬下對你的信任與尊敬。主管信任屬下，可刺激屬下竭盡全力做好工作，辦好事情、屬下認為誰也不願在別人面前丟臉，顯得自己無能，得到主管信任，正是表現自己的極好機會，抓住機遇誰也不願放過。所以主管的一言一行，一舉一動都是取得屬下忠心的有效措施。

當然，對屬下展現信任，就是用人不疑。這個「不疑」是建立在自己擇用人才之前的判定、考核基礎上的。不用則罷，既用之則信任之。管理者只有充分信任屬下，大膽放手讓其工作，創造良好的前提條件讓他獨立的發揮才幹，即委之以事，就要有放手讓權的氣魄，才能使屬下產生強烈的責任感和自信心，從而激發屬下的積極性、主動性和創造性。

戰國時期，魏國的國君派大臣樂羊率軍去攻打中山國。因為中山國國君的重臣樂舒恰是樂羊的兒子，所以朝廷中私論頗多，認為樂羊雖會打仗，但這次可不會全心全意為國盡忠了。樂羊在抵中山國後，決定用圍而不戰的戰術攻城，所以一連數月，不動一兵一卒。於是私論成了朝論，彈劾他的奏章像雪片似的飛到了魏文侯的手中。魏文侯不動聲色，反而派遣專使帶著禮品、酒食遠道去慰問樂羊，犒勞他指揮的軍隊。流言越沸騰，魏文侯索性大興土木，給樂羊建了一座漂亮的別墅。終於，樂羊按計畫攻克了中山國，得勝回朝。魏文侯特意為樂羊舉行盛大的慶功酒宴，並賞給了樂羊一個密封的錢箱。樂羊回到家後打開一看，不禁感動萬分。原來，箱子裡裝的不是魏文侯賞給他的金銀綢緞，而是滿滿一箱在他攻中山國時大臣們彈劾他的祕密奏章。樂羊這才明白，如果不是魏文侯的全力庇護，不是魏文侯對他的這種超乎尋常的信任，不要說攻打中山國的任務不能完成，就是自己的性命，恐怕也難以保住了。

做到用人以信、用人不疑並不是那麼容易的，除了能運用自己的權力給人創造發揮才幹的條件外，還要能在流言如矢的情況下，持信而不移；並且在遇到困境時，能與下屬同甘共苦，共患難；並不只是以消極的態度等待其發揮才幹、創造佳績，而是以積極的態度參與其中，增強其信心，扶助其毅力，以其事代其成，因此，這種用人以信的品德，同時也展現為寬廣的胸懷、臨難不苟的氣度、高瞻遠矚的眼光。這當然是為政者的一種素養了。士為知己者死，女為悅己者容。用人用到魏文侯那樣的水準，那是不會煩惱求不到賢才的。

所以說，一旦決定某人擔任某一方面的負責人後，信任即是一種有力的激勵手腕，其作用是強大的，最能換來員工的忠誠。

試想一下，使用了他，又懷疑他，對其不放心，是一種什麼局面？試想一下，在你的公司裡，如果員工得不到你起碼的信任，其精神狀態、工作幹勁會怎樣？

身為公司主管要有信任部屬，團結部屬的精神。如何做到展示信任，換取忠誠？

（1）將心比心為屬下著想。

主管對屬下要正確對待，一就是一，二就是二。屬下有時也與主管思想不統一，有時也可能不接受主管分派的任務，也可能把任務完成得不好，這是正常現象，對主管來說不要認為屬下是不服從主管，不願合作，沒有用。要冷靜下來，替屬下著想，屬下也是人，也有思想情緒，當主管的就要了解情況，和顏悅色的了解清楚後再作決策。

（2）放開手腳讓部下做。

因為主管對屬下都瞭若指掌，信任屬下，才安排某一職務，負責某項工作。既然是這樣做，就要對屬下放心，除在有阻力或處理不了的問題上指導外，不要經常指手畫腳，婆婆嘴，使屬下為難：也不要一讓屬下袖手旁觀在一邊歇涼，自己去蠻幹屬下應當做的工作，這是吃虧不好看愚蠢「好心腸」的做法。

（3）表裡如一讓屬下安心。

主管要與屬下打成一片，與屬下交心談心有時溝通思想、交換意見、有活當面說，不要背後議論是非。主管不能對屬下說怪話、壞話、或無理訓訴。工作取得成績，受主管信任者往往被人嫉妒，散布流言蜚語，造謠惑眾，主管更應該慎中有慎。總之，選拔上作至關重要，用人的技巧更重要。作為一名主管，信任是你網羅人心，推進上下級關係的法寶，為關係融洽，使整個公司一片生機，你就要選出你信賴的人。

• **智慧經：**

信任也是一種強大的激勵手腕。

疑人不用，用之不疑，就是給人以充分的信任。

堅持信任的原則，讓屬下發揮其才能。

信任員工是做好工作的關鍵。

8 又打又拉，唱好紅白臉

在京劇裡，演員臉部化妝，以各種人物不同，在臉上塗有特定的譜式和色彩以寓褒貶。其中紅色表示忠勇，白色表示奸詐。不同的臉譜顯示了不同的角色特徵。關係學中紅白臉相間借用京劇臉譜的名稱，但它要比京劇中簡單化的臉譜複雜得多，它是寬猛相濟，恩威並施，剛柔並用的綜合，是一種高級統馭術。

高明的企業主管深諳此理，為避此弊，莫不運用紅白臉相間之策。有時兩人連檔唱雙簧，一個唱紅臉，一個唱白臉；有更高明者，可像高明的演員，根據角色需要變換臉譜。今天是溫文爾雅的賢者，明天變成殺氣騰騰的武將。歷史上不乏此類高手善用此法之例證。

三國時期，蜀國南方諸夷發動叛亂。蜀相諸葛亮深知南中之事，不僅關係到蜀漢後方的穩定，同時也關係到北伐大業，就下決心親自率軍遠征。

此次出兵，諸葛亮兵分三路，沿途平定零星叛軍，主力行至益州郡。孟獲為叛軍頭領，為少數民族首領，在南中地區很有威信和影響。當諸葛亮聽說孟獲不但作戰勇敢，而且在南中各個地區的部族人民中很有威望，想到如果把他爭取過來，就會更好解決少數民族和蜀漢政權的關係，消除南中時常叛亂的根源，會使蜀國有一個安定的大後方。諸葛亮深知孟獲的個性，應以攻心為上，攻城為下；心戰為上，兵戰為下。不可專用武力，而應注意征服他們的心。於是，他決定唱一次紅白臉，下令只許活捉孟獲，不得傷害。

當蜀軍和孟獲的部隊初次交鋒時，諸葛亮授意蜀軍故意退敗，引孟獲追趕。孟獲仗著人多勢眾，只顧向前猛衝，結果中了蜀軍的埋伏，被打得大敗，自己也做了俘虜。當蜀軍押著五花大綁的孟獲回營時，孟獲心知此次必死無疑，便刁鑽使橫，破口大罵。誰知一進蜀軍大營，諸葛亮不但立即讓人給他鬆了綁繩，還陪他參觀蜀軍營寨，好言勸他歸降。孟獲野性難馴，不但不服氣，反而倨傲無禮，說諸葛亮使詐。諸葛亮毫不氣惱，放他回去，二人相約再戰。

孟獲回去之後，重整旗鼓，又一次氣勢洶洶的進攻蜀軍，結果又被活捉。諸葛亮勸降不成，又一次把孟獲送出大營。孟獲也是個強脾氣，回去又率人來攻並同時改變進攻策略，或堅守渡口，或退守山地，卻怎麼也擺脫不了諸葛亮的控制。一次又一次遭擒，一次又一次被放。

到了第七次被擒，諸葛亮還要再放他走，孟獲流著淚說：「丞相對我孟獲七擒七縱，可以說是仁至義盡，我打心裡佩服，從今以後，我絕不再提反叛之事。」

結果，諸葛亮唱的這次紅白臉使孟獲回去之後，說服各個叛亂部落全部投降，南中地區重新歸屬蜀漢控制。自此，蜀國的大後方變得穩定，南方各族人民也得以休養生息，安居樂業。

統治者需應付的事，需對付的人各式各樣，所以只有一手是不行的。紅白臉相間也就是一文一武，一張一弛，既有剛柔相濟，又恩威並施，各盡其用。任何一種單一的方法只能解決與人相關的特定問題，都有不可避免的副作用。對人太寬厚了，便約束不住，結果無法無天；對人太嚴格了，則萬馬齊喑，毫無生氣，有一利必有一弊，不能兩全。

會單打獨唱紅白臉相間術的高手要算清朝的康熙皇帝了。清初，漢族作為一個被征服的民族，政治地位非常低下，備受滿族人歧視。這種民族歧視的存在，使不少漢族官員心懷怨恨，苟且推諉，不肯盡心為朝廷效力。康熙為了安撫漢族官員，從形式上消除了明顯的歧視，一再聲稱「滿漢皆朕之臣子」，宣布「滿漢一體」劃一品級，滿漢大小官員只要職位相同，其品級也就相同。官員的一視同仁極大減少了漢族官員的不滿。康熙還大批任用漢宮擔任封疆大吏。

康熙對他所信任的漢族大臣，往往也能推心置腹，深信不疑。康熙曾非常信任儒臣張英，幾乎到了形影不離的地步，經常在一起討論一些軍國大計以及生活瑣事，時人評論說他們「朝夕談論，無異生友」。康熙還強調「君臣一體」，時而還邀請漢族大臣到禁苑內和他一起遊玩、垂釣。受邀請的大臣自然將此視為莫大的榮幸，從而對康熙更忠心耿耿了。

但是，康熙對漢族官僚士大夫、知識分子也還有防範和高壓的一手。他經常用一些心腹之人監視地方官吏和當地人民。他們這些人不斷用密折向康熙報告各地的民情和官場情況，督撫等大員的舉動更是監視的重點。

殘酷無比的的文字獄就是起始於康熙年間。明朝滅亡後，有不少的明朝遺民對清政權表示不滿，他們使用種種手腕發洩對清政權的不滿，其中發表文章是一個十分重要的方式。康熙對他們採取了極其嚴厲的鎮壓措施，從清查對清朝不滿的明朝遺民開始，在全國展開了大規模的搜捕活動。許多人因此而被株連，成百上千的人被投入監獄，甚至死去的人也未能逃脫處罰。一時間恐怖氣氛彌漫全國，人人噤若寒蟬不敢稍微流露一占對朝廷的不滿。

作為一個少數民族君主，康熙是歷史上一位很有作為的皇帝，他英明果斷、文武雙全。對漢族士大夫知識分子實行的是恩威並施，又拉又打，以拉為主，而又加以防範的政策。這才制止了漢族士大夫們的分裂傾向，從而鞏固了清朝的統治基礎，保證了國家的長治久安。在他的治理下，清朝迅速強盛起來，進入鼎盛的康乾盛世時期。

康熙就是靠著人才濟濟的智力優勢，也靠著他本人紅白臉相間的韜略雄才，做起了歷史上最偉大的好皇帝。

明智的上司和明智的下屬都應明白：這畢竟是策略和手腕，是誰都可以使用的，究竟誰更高明那得看誰更會唱紅白臉了，一切都是一齣戲而已。

• **智慧經：**

作為一個主管，要掌握紅臉與白臉的良好運用。唱好紅白臉，可鞏固自己的地位。

一些做大生意的人，要深深領會唱紅白臉的功夫。

9　用「對不起」化解矛盾

人孰能無過。在人際交往中，與各式各樣的人接觸，難免會出現得罪人的時候，因此，人人都需要學會道歉的做人手腕。誠摯的道歉不但可以彌補破裂了的關係，而且還可以促進彼此心理上的溝通，增進感情，使這種關係變得更為牢固。

在日常生活和工作中，因自己的言行失誤而打擾、影響別人，或者令別人造成精神上的傷害或物質上的損失時，都要自動向對方道歉，挽回影響，以便維持你們相互間的友好關係。

小馬在工作。一天，老闆要他將某項目可行性研究報告給同事安，小馬並不認識安，報告發過去後，安透過網路問了很多業內人士覺得很可笑的初級問題。當時小馬就回話：「你還沒有入門吧？」結果引發兩人之間的言語紛爭。小馬看安不懂裝懂還極力狡辯，便毫不客氣、極盡挖苦，安氣得用英語唾罵小馬，結果自然是不歡而止。小馬後來生病休養一段時間，上班後老闆提起此事，說安投訴到集團公司執行總裁，總裁在小馬的老闆面前面露難色，對小馬表示不滿。於是老闆吩咐小馬在抓好業務的同時，要及時向安道歉。老闆言辭緩和，顯露愛才之心，說安是集團公司的一名經理，剛留學歸來，被小馬這樣的菜鳥恥笑肯定心中難以平衡，希望小馬能予以理解。小馬為有辱老闆面子備感歉意，雖然覺得自己吃虧，還是主動發了一封道歉信給安。

消除厭惡感，避免傷害別人的感情，最聰明的辦法就是謙遜一點。自己立刻道歉，別人就會給你同情，這就是道歉的神效。倘若我們大家能運用道歉的神效，我們的生活將會減少很多不愉快。

人孰無過，我們都需要學會道歉的藝術，撫心自問，看看你是否常常毫不留情的妄下斷言，說出傷人的話，犧牲了朋友，自己從中得利⋯再想想看，有哪幾次你誠心的坦然表示歉意。有點惶恐是不是？惶恐的原因在於我們良心不昧，深知即使稍有過失也難免悵然若失，除非知道道歉，否則總是內疚於心。

有些人認為道歉是向別人低頭，失去了個人尊嚴。一味堅持自己的錯誤，不肯道歉，又何談尊嚴呢？

不負責的人不會贏得他人的信賴，不敢道歉意味著不敢對自己的行為負責。

一次語文單元測驗，老師誤將一位學生答對的題目扣分。考卷發下來，這位學生舉起手：

「老師，您錯了，應該向我道歉。品德課上老師就是這麼說的。」頓時，教室裡一片寂靜，老師也愣住了。片刻，這位老師笑著說：「是我疏忽了，對不起！」

事後有人問這位老師：「你當時不覺得窘迫嗎？」他卻說：「像這樣有道德勇氣的學生，很少見，我喜歡。」

儘管道歉是生活中一個再平常不過的細節，但在我們所見所聞中，作為老師，在學生面前承認自己的錯誤並誠懇道歉的並不多。因為，道歉對於老師來說，同樣承擔著「誠信」一落千丈，學生效仿「找麻煩」等風險。但是，那位老師做了，他用勇氣呵護了幼小學生心田裡剛剛萌芽的道德的光芒。

有時我們遲遲不道歉是因為怕碰釘子，這種令人難堪的可能性確是有的，但是不大。原諒別人可以袪除心裡的怨恨，而怨恨是傷害心靈的。有誰願意反覆蒙受痛苦和忿怨的折磨？

那麼應該怎樣進行道歉呢？一般來說有下列幾點：

（1）切記道歉並非恥辱，而是真摯和誠懇的表現。偉人也有時道歉。邱吉爾起初對杜魯門的印象很壞，但後來他告訴杜魯門說以前低估了他，這句話是以讚譽方式作出的道歉。

（2）如果你覺得道歉的話說不出口，可以用別的方式代替。吵架後，一束鮮花能令前嫌冰釋；把一件小禮物放在餐碟旁或枕頭底，可以表明悔意，以示愛念不渝；大家不交談，觸摸也可傳情達意，千萬不要低估「盡在不言中」之妙。

(3) 除非道歉時真有悔意，否則不會釋然於懷，道歉一定要出於至誠。

(4) 道歉要堂堂正正，不必奴顏婢膝。你想把錯誤糾正，這是值得尊敬的事。

(5) 應該道歉的時候，就馬上道歉，越耽擱就越難啟齒，有時甚至後悔莫及。數年前，我擔任某基金會理事的時候，有位年少氣盛的助理建議撤換理事長，由他繼任。我們投票同意了。我們差不多馬上就發覺已經鑄成大錯，不該讓那位理事長離職。我決定向他表明，可惜在我還未有機會和他碰頭以前，他已因心臟病去世。我的歉意始終無法表達，至今仍然耿耿於懷。

(6) 假如你認為有人得罪了你，而對方沒有致歉，你就該冷靜應付，不要悶悶不樂，更不要生氣。寫一封短箋，或由一位友人傳話，向對方解釋你心裡不痛快的原因，並向他說明你很想排除這煩惱。你若能減低對方道歉時的難堪，他往往就會表示歉意說不定他心裡也不好過的。

(7) 你如果沒有錯，就不要為了息事寧人而認錯。這種沒有骨氣的做法，對任何人都無好處。同時要分辨清楚深感遺憾和必須道歉兩者的區別。譬如你是主管，某一部屬不稱職，勢非予以革職不可。你會覺得遺憾，但是不用道歉。

（8）假如你想向某人道歉，而且你有對不起他的地方，就應立刻想辦法。你該寫封信，打個電話，有所表示。送本書，一盆花草，一盒糖果，或者用其他任何足以表達心意的東西代你作這樣的表示：「我對彼此的隔閡深感難過，亟望冰釋前嫌，甘願承擔部分或全部咎責，並盼你能接納這點微意以及人間最能化戾氣為祥和的三個字：『對不起』。」

• **智慧經：**

道歉的話是消除後遺症的「定心丸」。

道歉是尊重別人，也是尊重自己的一種做人手腕。

「對不起」這三個字的效用是別的字眼所不能比擬的。

「對不起」能使強者低頭，能使怒者消氣，能讓你更加成熟。

10 時時讓別人感到自己重要

每個人都希望自己是重要人物。事實上，大家願意做所有事情，無論是好事還是壞事，只要能得到自己是重要的感覺。

紐約電話公司曾針對電話對話做過一項調查，看在現實生活中哪個字使用率最高，在五百通電話對話中，「我」這個字使用了大約三九百五十次。這說明，不管你是什麼人，不管你實際狀況如何，在內心中都是非常重視自己的。

美國學識最淵博的哲學家約翰．杜威說：「人類本質裡最深遠的鞭策力就是希望具有重要性。」每一個人來到世界上都有被重視、被關懷、被肯定的渴望，當你滿足了他的要求後，他就會對你重視的那個方面煥發出巨大的熱情，並成為你的好朋友。

在羅斯福做紐約州長的時候，他完成了一項特殊的功跡……他和政黨重要人物相處得很好，使他們同意原來他們所反對的案件。我們且看他是怎麼做到的……

當有重要職位需要補缺時，他就請那些政黨要人推薦。羅斯福說：「起初他們推薦的，是黨內並不受到歡迎的人。我就跟他們說，如果要使政治有滿意的表現，你們推薦這個人並不適合，同時也會受到民眾所反對。」

「後來他們又推選了一個出來，那人看來雖然並沒有可批評的地方，可是也沒有令人讚佩的優點。我就告訴他們，任用這樣的人，會有負公眾的期望，所以請他們再推選出一個更適合這職位的人。他們第三次推薦的人，看來是差不多了，可是還不十分理想。」

「於是，我對他們表示感謝之意，讓他們再試一次。第四次他們所推薦的，正是我所需要的人，而對他們的協助，表示感激之後，我就任用了這個人。而且，我還使他們享有任命此人的名義。……趁此機會，我就對他們說，我已經做了使他們愉快的事，現在輪到他們順從我的意見，做幾件事了。」

「我相信那些黨政首要們，也樂意這樣做，因為他們贊助了政府重大的改革，諸如選舉權稅法及市公務法案等。」

記住，羅斯福凡是都很費事的去徵求別人的意見，且對他們的建議表示尊重……當羅斯福委派重要職司時，他使那些黨政首要們，真實的感覺到，這是他們所挑選的人，這是他們的意見。

現實生活中有些人之所以會出現交際的障礙，就是因為他們不懂得或者忘記了一個重要原則──讓他人感到自己重要。他們喜歡自我表現，喜歡誇大吹噓自己，一旦事情成功，他們首先表現出的就是自己有多大的功勞，做出了多大貢獻。這樣不就是向他人表明：你們確實不太重要。無形之中，他們傷害了別人，當然最終也不利於己。

在美國的歷史上有一個非常偉大的總統，他就是一位鞋匠的兒子──林肯。在他當選總統的那一刻，整個參議院的議員都感到十分尷尬。因為美國的參議員大部分都出身於名門望族，自認為是上流、優越的人，他們從未料到要面對的總統是一個卑微的鞋匠的兒子。

但是，林肯卻從強大的競爭勢力中脫穎而出，贏得了廣大人民的信賴，這除了他具有卓越的才能外，與他從平民中來，走平民路線，把自己融於廣大百姓之中的平民意識是分不開的。

當林肯站在演講台上時，有人問他有多少財產。人們期待的答案當然是多少萬美元、多少畝田地，然而林肯卻扳著手指這樣回答：

「我有一位妻子和一個兒子，都是無價之寶。此外，租了三間辦公室，室內有一張桌子、三把椅子，牆角還有一個大書架，架上的書值得每人一讀。我本人又高又瘦，臉蛋很長，不會發福。我實在沒有什麼依靠的，唯一可依靠的財產就是你們！」

「唯一可依靠的財產就是你們」，這正是林肯取得民心的最有效的手腕。

人類行為有個極為重要的法則，這一法則就是時時讓別人感到重要。如果我們遵從這一法則，大概不會惹來什麼麻煩，而且可以得到許多友誼和永恆的快樂。但是，如果我們破壞了這個法則，就難免招致麻煩。

有這樣一個小笑話。有一個人請了四位同事到他家裡吃飯，他倒是非常真誠的，擺了一大桌酒菜。三個同事如約而至，只有一位仍不見蹤影，主人在門口急得東張西望，搓手跺腳。一個同事從裡頭跑出來安慰他不要著急。誰知這位老兄隨口甩出一句話：「該來的不來。」旁邊勸他的這位同事一聽，心裡想「這樣說，我豈不是不該來的。」咣當一聲摔門而去。裡頭另一位同事見狀，急忙出來好言相勸。哪知這位老兄又從嘴裡蹦出一句：「唉！不該走的又走了。」本來相勸的同事一聽，立刻怒從心起，「不該走的走了，那意思不就是該走的不走。別解釋了，我走了。」最後在屋裡等的那位同事急忙出來幫著主人挽留客人。可惜這位老兄口才實在不佳，竟然又冒出一句：「我根本不是衝他們說的。」最後那位客人一聽，「噢，你不是衝他們說的，那不就是衝我說的嗎？算了，我也不留了，一起走吧！」

這雖是一則笑話，卻深刻反映了人們渴望被人尊重的心理。人際交往的一個極為重要的手腕是：時時讓別人感到自己重要，如果我們遵從這一做人手腕，大概不會惹來什麼麻煩，並且可以得到許多友誼和快樂，但如果我們破壞了這一法則，難免後患無窮。

那麼，你怎樣才能使人們覺得他們特殊呢？這裡有一些手腕：

(1)盡可能多使用他們的名字。

有人說，人的耳朵最喜歡的聲音是他們自己名字的發音。我想那是真的。這是屬於他們自己的獨一無二的聲音。如果你經常使用它，那意味著你真的關心他們，那會使他們覺得自己是珍貴的。

(2)聆聽他們。

這聽起來很簡單，而它也確實很簡單，如果你認真對待的話。如果你是假裝的，它就是世界上最難的事情。拋開關於自我的想法，聆聽他們對你說的話。

(3)稱讚並認可他們的成就。

這不必是什麼重大的事情，小事情也可以。你可以說：「有一天我路過你們家花園，你種的花草長得多好啊。」這句話也很有效。或者說：「你的領帶很好看，與這套西裝搭配得很好！」注意到並說出人們的獨特之處能夠使人們覺得與眾不同。

（4）如果有人等著與你見面，一定要向他們打招呼。

千萬不要忽視等著與你見面的人，即使你只會意的看他們一眼，並讓他們知道你很快就會到他們那裡去。這將使他們覺得你很在意他們。

（5）當有人問你問題的時候，停一會再回答。

這使他們的問題看起來很重要，因為它意味著你花時間思考他們提出的問題。

（6）當你在團隊坐的時候，要關心每一個人。

要記住，任何團隊實際上都是由單個的、需要被認可和被欣賞的人組成的。當你向一個團隊講話的時候，你要看著每一個人，向他們說話，讓他們知道你覺得他們是重要的。

- **智慧經：**

每個人都希望自己是重要人物。

做人的一個重要原則就是讓他人感到自己重要。

人類本質裡最深層的驅動力就是希望具有重要性。

第4章　隨機應變，與時俯仰

「兵無常勢，水無常形」，有手腕的人在處理各種事物時都要能夠做到隨機應變，因勢利導，不墨守成規，不拘泥於一格，甚至逢大勢不踐小諾，處大事不拘小禮，從而達到變則通，通則靈，靈則達，達則成的理想效果。

1　彈性管理，留有餘地

管理者與員工之間無疑是一種「管理」與「被管理」的關係。身為主管，無不希望下屬對自己盡心盡力盡職盡責盡忠的努力工作。因為只有做到這一點，才能證明自己的管理是成功的，自己是一個成功的管理者。

可是，並不是每一位管理者都能實現這一目標，恰恰相反，成功的管理者往往只是少數人。古往今來，失敗的管理者都是居於多數，不勝枚舉的。

在這裡，決定成功與失敗的關鍵因素，就是管理者採取什麼樣的管理方式，運用什麼樣的管理方法，這向來是管理學者們所討論的一大重點問題。

高明的主管懂得：彈性最能予己以主動，對人對事彈性處之，迴旋餘地自然很大。

例如：對一個人既不要把他看作敵人，也不要把他看得太親密。親而不可太近，疏而不宜過遠。取其彈性中段較宜。對一件事，從理論上講，要辨它就要想一定能辨成，辨的過程中可能遇到麻煩，但從不定死哪件事不可辦，叫做不見老底不回頭。這就是對人對事彈性為本的策略。這個策略起碼留有餘地，保存實力，達到時時主動的功效。

布默爾公司總裁彼得．普諾爾說：「領導人物必須是與眾不同的，他能控制各種假定狀況並能對傳統持有懷疑態度。他具有追求真理的毅力，擬定決策必須基於真憑實據，不可依據個人偏見行事。領導人物必須是體察入微的，對於員工具有高度的敏銳力。他能充分了解職員的心理，並培養相互的信任。他必須能將企業目標明確告訴大家；他應該常常鼓勵讚美員工，而不應總是批評指責，他不僅要讓員工敬畏，還需要得到員工們的敬愛。」

「彈性管理」是指主管在辦具體事的時候，運用靈活的一種手腕，可將所說的話，所做的事，盡量的留有餘地。即可進可退的手腕，但又區別於模稜兩可。如遇非明確答覆不可的事，但又不好答覆時，可以「考慮考慮」、「研究研究」（再作答覆）為盾牌，好為自己爭取迂迴的時間。

彈性管理政策的目的在於從原則上相對保證政策的連續性與穩定性。從精神實質上為主管開闢一個大的迴旋餘地。像武俠小說中的迴旋鏢，擊中目標就擊中了，擊不中，鏢還回到自己手上，絕不至於陷入被動。

彈性管理的原則是，增強方針政策在文字語言方面的籠統性和大原則性，減少它的具體性，以便隨時按照需要，改換它的內容。

為了加強管理，有的管理者採取強硬手腕。一些管理者，即使當他們解雇某人時，他們也並不因為內疚而變得猶豫不決。他們一旦要採取堅決措施，就會變得冷酷無情。

默克在工作時經常會勃然大怒。身為上司他似乎有這樣的特權，可下屬心裡並不痛快。默克向親近的人抱怨：我的工作壓力這麼大，什麼事都在那裡撐著，壓抑著自己，不讓我發洩一下，我的心理健康會受到損害，也許還會得病呢。

其實，默克只想到了問題的一個方面。許多管理者認為生氣時不把怨氣發洩出來，久而久之會造成心理壓抑，只有把心中的怒火釋放出來才有益於健康。

刻意壓抑情感，甚至生氣時也強裝笑臉確實是有害於健康的。實際上，許多專家也建議我們生氣時最好不要壓抑，而是把它宣洩出來。

但是，怎樣才是表達感情的最好方法呢？提高嗓門、大聲斥責，這樣你就占了上風嗎？答案是否定的。發脾氣、失去控制只能讓你得到一時的心理滿足。但事後很多人仍會像「爆發」之前那樣心煩意亂，有些人還會為自己如此失去控制平添一分擔憂。因為發洩怨氣會使自己的形象受損，朋友可能因此對你敬而遠之，下屬可能因此對你陽奉陰違，這一切是你想要的嗎？哦，不！這樣尷尬的處境真是打死我也不願意見到。

一般來說，成功的管理者多以溫和的和富有人情味的方法管理下屬，也就是說以詢問、鼓勵和說服等方法帶領他們前進。因為用獎勵或肯定的方法使某種行為得以鞏固和持續，比用否定或懲罰的辦法使某種行為得以減弱或消退更有效。大多數受過教育的人喜歡做別人請求他們做的事而不願做別人命令他們做的事。而且從長遠觀點看，批評過多會損害他人的自尊心，使他們的工作效率下降，給個人的精神造成極大的傷害。

怒火只會讓你失去理智，想想看，一個總給別人帶來緊張和不愉快的人，是不是很容易被大家孤立呢？其實，你只要換個位置想想，當你有過錯時，你希望別人如何對待你呢？這麼一想也許你就會很快的變得心平氣和。

你的地位越高，控制你的情緒就越重要。同事、上司、下屬和客戶每天都在考驗你。他們觀察、研究你的意向，往往把他們的意向同你的意向作比較。你的情緒，不僅可以影響你的工作，而且還可以影響他們的工作。人們常常仿效他們的頂頭上司。但不要天真的以為，他們的行為會同你的行為一模一樣。正如同他們研究你一樣，你也要檢驗、觀察和研究他們。如果他們的態度不好，失去控制，一定不要讓他們影響你。

主管的管理能力往往表現在下達命令上，因為在任何一個機構和部門中，令行禁止是最起碼的工作紀律。作為主管，如何給下屬下達命令，這要看他所命令的對象和當時的情形而定，該硬時有時可軟，該軟時有時也可硬，每一個管理者都應清楚這一點。

- **智慧經：**

管人要運用靈活的手腕。

掌握主動，留有餘地。

對人的管理不做出統一的標準，千人千面。

2　寬嚴適度顯威嚴

上司要贏得下屬的心悅誠服，一定要寬嚴並施。

所謂寬，則不外乎親切的話語及優厚的待遇，經常關心他們的生活，聆聽他們的憂慮，他們的起居飲食都要考慮周全。和他們說話時再加上一個微笑，這名下屬的工作效率一定會大大提高，他會感到，上司很關心我，我得好好做！

所謂嚴，就是必須有命令與批評。一定要令行禁止，不能始終客客氣氣，為維護自己平和謙虛的印象，而不好意思直斥其非。必然拿出做上司的威嚴來，讓下屬知道你的判斷是正確的，必須不折不扣的執行。

這真是至理名言。恩是溫和、獎勵；威是嚴格、責備。身為一個主管，對於恩、威要能配合運用。

上司的威嚴還在對下屬布置工作，交代任務上。一方面要敢於放手讓下屬去做，不要自己包打天下；一方面在交代任務時，要明確要求，什麼時間完成，達到什麼標準。布置了以後，還必須檢驗下屬完成的情況。

「寬嚴得宜，恩威並用」的意義，並不是恩、威各占一半，而是說依事情的情況而定，恩威配合，以身作則的教導部屬，如此，部屬一定會樂意完成交給他的任務。

對於部下，應用慈母的手緊握鍾馗的利劍。平日裡關懷備至，錯誤時嚴加懲誡，寬嚴並施，如此才能成功統御。

以企業來說，如果欠缺嚴格的管理，一味溫和，員工很容易會被慣壞，而言行也變得隨便，毫無長進；但若過度嚴格，往往會導致部屬心理畏縮，表面順從，實際對抗，對事情沒有自主性，也缺乏興趣。如此一來，不僅人力不能有效發揮，整個機構也將毫無生機了。

當下屬犯的錯誤較嚴重時，主管就必須對其執行某種形式的懲罰。懲罰下屬時，不只是為了懲罰而懲罰，而是要達到懲罰的目的。懲罰時，通常要帶某種形式的糾正行動，目的只是為了防止未來。

日本電影《幸福的黃手帕》，描述了一位刑滿釋放的丈夫懷著忐忑不安的心情踏上回家路，不知妻子是否還能愛他，因此事先通知妻子，如接受他回家，便請在門口掛一條黃手帕，否則他將繼續遠行，浪跡天涯。當他到達時，許多條黃手帕在迎風招展。這個故事不知感動了多少人，生活中也確有相似的事例。

一個工人由於工作不負責，在生產的關鍵時刻馬馬虎虎，造成了重大責任事故，他被捕入獄。獄中，他後悔莫及，但他沒有消沉，認真反省自己的過錯。快要出獄前夕，他給廠寫了封信，信中說：「我清楚自己的罪過，很對不起大家。我即將出獄重新開始生活。我將在後天乘火車路過我們的工廠，作為原來的一名職員，我懇切請求你在我路過工廠附近的車站時，揚起一面旗子，我將見旗下車，否則我將去火車載我去的任何地方……」那天，火車臨近車站了，他微微閉上雙目，默默為命運祈禱。當他睜開雙眼，他看到了許多面旗子，是他的那些工友們在舉著旗子呼喊看他的名字。他熱淚滿面，沒等車停穩就撲入到接他的人群中去了。後來他成了一名最優秀的工人。

他的廠長是一位有著寬容諒解之心的人，他成功運用寬容之術使這個年輕的工人獲得了新生。

許魯齋說：「人要寬厚包容，又要分限嚴緊。分限不嚴，事情就不能立，人就會受到侮辱。魏公素來寬厚，處理事情，大義凜然，有不可侵犯的樣子，所以成為當代的名臣。現在寬厚的人能找到，威嚴的人，就少有寬容，對於事業來說，都有弊害。」

實際上，一個主管對部屬的一言一行，都應該以寬大的態度去包容，在遇到該嚴格的時候，也要使部屬心服口服，才不愧是一位成功的主管。

寬容是一種很強大的力量，它能使人們被你吸引，使別人愛戴你、信服你，並願意幫助你，尤其是作為主管，如果要想取得成功，那麼就要在任何時候都以寬容之心待人。

根據《唐史》記載：從劉武周那裡投降過來的將領大多數叛逃回去，人們開始懷疑尉遲敬德，把他逮捕，囚禁在軍中。

屈突透過殷開山對李世民說：「尉遲敬德驍勇無比，現在既然囚禁了他，必然會生怨恨，留下他恐怕有後患，不如就地把他殺了。」

李世民說：「敬德如果想叛變而逃，早就走了，為什麼還等到現在呢？」於是命令趕快釋放尉遲敬德，並把他引進自己的室內，賞賜了許多黃金，說道：「請你用大丈夫的意氣來對待事情，不要為這些小的嫌疑而介意，我永遠都不相信誣陷你的話，你應該體諒。你定要離去的話，這些金銀可以資助你，表示我們共事一時的情誼。」

有一次，李世民僅帶五百兵察看陣地，王世充帶領一萬多人，突然把他團團圍住。單雄信引槊直挑李世民，尉遲敬德躍馬大呼：「勿傷我主！」橫鞭直打，單雄信落馬而逃，屈突領大兵趕到，王世充大敗，僅僅免脫死運。

李世民便對尉遲敬德說：「你怎麼相報得這樣快呢？」這是江湖上英雄惜英雄的大氣度、大手腕。既釋放他這個囚犯，再引進自己的房內，並且以金相贈，去任自由，不是唐太宗，其他人能做到嗎？

主管在用人時，一定要注意寬嚴適度的原則去辦事：因為太寬鬆了下屬心不在焉，不當回事；太嚴厲了下屬心驚膽戰，一不小心就漏掉了一句話，但又不敢多問。因此，寬嚴適度才能顯威嚴！

總而言之，一個主管在處理情況時，恩威並用，寬嚴得宜，才能相輔相成，收到事半功倍之效。

• **智慧經：**

寬嚴適度，這是必須做到的掌權歷練。主管對下屬寬嚴得宜，恩威並用，才會事半功倍。該寬時寬，下屬才能充分理解主管的態度；

3 在挑戰中顯示智慧

早在十九世紀，美國康乃爾大學的專家以青蛙為對象，做過一項著名的實驗。他們精心挑選一隻健壯的青蛙，將一鍋涼水燒開，隨即將青蛙扔到鍋內。在生死存亡的關頭，青蛙迅即做出反應，立刻跳出滾沸的水鍋。

過了半個小時，實驗人員使用同樣大小的鐵鍋，倒入五分之四的冷水，再將那只活蹦亂跳的青蛙放進去。置身於涼爽的水中，青蛙感覺挺舒服，悠然自得的在水裡游來游去。與此同時，實驗人員已將鍋下開小火點燃，而青蛙對此毫無知覺，仍在水裡默默享受著悠閒。隨著指標的轉動，水溫越來越熱，青蛙也由舒服變得不自在。等到牠發覺承受不了的時候，已經渾身發軟，體力損耗，再想往外跳已經來不及了。

從前挪威漁民出海捕魚，每每返回到岸邊，捕獲的沙丁魚差不多全死光了。有一個聰明的漁民和別人一樣撒網，一樣長的時間歸來，可他每次帶回的沙丁魚都活蹦亂跳，幾乎沒有一條中途死掉。正因為如此，和別人賣同樣分量的魚，他卻多賺了許多的錢。

只用了幾年的工夫，那個漁民就發財致富，為人們所羨慕。

他的辦法其實很簡單，就是在魚艙裡放幾條凶猛好鬥的鯰魚。為了對抗鯰魚的攻擊，沙丁魚不得不進行積極防禦，於是進發出旺盛的生命力，從而能活蹦亂跳的堅持到上岸。

那個漁民還說，沙丁魚之所以會太早的死掉，是因為牠們知道被逮住了，已沒有逃脫的可能，生存的希望破滅了，剩下的也只有死路一條。因此，要勇於接受挑戰，只有在奮鬥中，人生才會充滿希望。

日本一家公司從鯰魚效應領悟出用人之道，不斷從公司外部引入鯰魚式的人才，讓公司上下都能感受到沙丁魚式的緊張，藉以促使他們更加勤奮的工作。在日本民間，每當父母培養孩子意志的時候，都要以沙丁魚的故事作為教材。

甲骨文公司總裁艾利森曾說：「生活中最偉大的事情，就是挑戰永遠在前面。」只有挑戰才能激發自身潛伏的力量。

卡內基說：「當你面臨某一無法解決的難題時，千萬不要只是想到放棄，應該這麼去看待它，雖然是有一些困難，但是總不能因此就不做，還是努力些吧！」

當愛迪生已經成為聲名顯赫的大發明家的時候，艾德溫．巴納斯就想成為愛迪生的事業夥伴。

儘管艾德溫．巴納斯當時只是一個街頭流浪漢，但他卻並沒有只想混口飯吃，而是有一個很堅定的願望——他要和愛迪生「共事」，而不僅僅是「幫」愛迪生「做事」。

可是，當這種想法在他頭腦中閃現時，他根本無力付諸實行。阻礙他的有兩大難題：一是他根本就不認識愛迪生；二是他連去找愛迪生的路費都付不起。這兩點已經足以阻礙絕大多數人去採取行動，但巴納斯卻和絕大多數人不一樣。當他在愛迪生的實驗室裡現身時，竟然宣稱要和這位發明大師合夥做生意。

這使愛迪生頗感驚訝，但卻留下了深刻的印象。多年以後，愛迪生對他們兩人首次見面時的情景仍然記憶猶新。他回憶道：「他（巴納斯）就站在我面前，看起來和尋常的街頭流浪漢沒什麼兩樣，但是他臉上的表情則耐人尋味，令我印象非常深刻。他是吃了秤砣——鐵了心了，不達目的絕不甘休。以我多年與人交往的經驗，我已經知道，當一個人真正深切渴望某個東西的時候，他是不惜拿所有的未來去孤注一擲的，而且也勢在必得。我把他想要的機會給了他，因為我看出他打定主意要堅持到底，後來的事實證明了我是正確的。」

心理學家說過：「當一個人真正準備好要迎接一種事物的時候，這個事物就會露臉了。」也許巴納斯當時並不知道這一點，但他那份不屈不撓的決心和鎖定目標、堅忍不拔的毅力，註定會使他剷除一切障礙，獲得成功的契機。

我們應該讓「我不行啦」，「不可能的啦」等口頭禪垃圾從我們的口中消失。成天把消極的語言掛在嘴邊的人，光是這樣嘮叨，就已經把自己的志氣耗盡了。人的意志力之大，往往是超乎我們的想像的。心理上先抱失敗的想法，自然整個人的行為、感覺就會受到影響；這樣的情形，是我們不能忽視的事實。

不打不相識，並不是為了獲得一種資本，也不是為了讓某人在眾人面前丟面子，而是一種展示自己的才能，贏得在眾人心中的地位的一種方式。

吳剛和劉陽是同事，吳剛的業務能力很強，但為人比較高傲，總以資格老自稱。劉陽比較聰明能幹，但資歷較淺，平時吳剛基本不把劉陽看在眼裡。一次，主管要求他們對本廠生產的臭氧發生器做一個促銷方案，吳剛為主，劉陽協助。吳剛按照傳統的促銷方法編制了一套方案，採用透過商場進貨，在商場內進行促銷活動的方法。而方案參與人劉陽不同意該種方案，認為像這種新產品老百姓不易認同，且價格並不便宜，誰也不願花錢自己去嘗試。在這個方案的審批過程中，劉陽一反常態，堅持自己的意見，兩個人發生了激烈的爭吵。但方案最終以吳剛獲勝結束。劉陽並沒有因此而放棄，並在暗處與主管進行了交涉，主管透過反覆深思，決定採用兩種方案同時實行。吳剛了解到情況後，在辦公室說：「我是這行的祖師爺，我說行，它就行，做這行，憑的是經驗。如果我輸了，我請大家吃飯。」劉陽則不甘示弱：「吳剛，我敬重你的水準，不過人們消費觀念在變，我們也應該順應形勢。這次如果我這個方案錯了，我拜你為師，請大家吃飯。如果我僥倖贏了，我還是應該向你學習。」從此辦公室中出現了趙和李的不和諧音。

到了年終，主管宣布營業情況時，專門對促銷的兩個方案進行了比較，最後宣布，劉陽的促銷方案得到了較大的市場占有率。吳剛當即紅著臉對大家說，今天晚上我請客。在宴會上，吳剛對劉陽說：「初生之犢不怕虎，我們哥倆以後多商量，哥哥多向你請教。」而劉陽連連說：「僥倖僥倖，您還是我的師傅。」

從此兩個人打得火熱，而他們部門的業績也節節升高。

• **智慧經：**

要想成就一番大事，必須學會挑戰。

只有敢於面對一切，才會有成功的可能。

生活中最偉大的事情，就是挑戰永遠在前面。

只有挑戰才能激發自身潛伏的力量。

4 求人辦事，一定要選擇好時機

有時候你去託人辦事，對方推著不辦，或者故意推脫。這時，你若僅僅靠軟磨硬泡的工夫去糾纏很難奏效，甚至會把對方「磨」火了，纏煩了，就更不利於辦事。所以，求人辦事一定要利用好機會。

清光緒年間，鎮江知府大人想為他的母親做八十大壽，消息傳出來後，孫老闆愁眉頓開，高興萬分。孫老闆為何高興？原來那時鎮江木號的木材，大部堆在江裡。為此，清政府每年要索納幾千兩銀子的稅貼。木號的老闆們為了放寬稅貼，只好向知府大人送禮獻媚。可這位知府自稱清正廉明，所贈禮品均拒之門外。

孫老闆正在設法尋找接觸的機會，聽說知府的老母要做大壽，頓時覺得這是一個機會。他知道知府大人是位孝子，對老夫人的話是百依百順。只要打動了這位老夫人，也就等於說服了知府大人。

孫老闆派人打聽老夫人喜歡什麼，得知她最喜歡花。可眼下初入寒冬，哪來的鮮花呢？孫老闆靈機一動，有了辦法。

老夫人做壽這天，孫老闆帶著太太一行早早來到知府大人的後衙。孫太太一下轎，丫環們就用綠色的綢緞從大門口一直鋪到後廳，孫太太在地毯上款款而行，每一步就留下一朵梅花印。朵朵梅花一直「開」到老夫人的面前，祝老夫人「壽比南山，福如東海」。老夫人聽了笑眯眯的，連忙請他們入席。

宴席期間，上了二十四道菜，孫太太也換了二十四套衣服，每套衣服都繡著一種花，什麼牡丹、桂花、荷花、杏花……看得老夫人眼花繚亂，眉開眼笑。直到宴席結束，孫太太才說請知府大人高抬貴手，放寬木行稅貼。老夫人正在興頭上，忙叫兒子過來，吩咐放寬張炳記木號的稅貼。既然母親開了「金口」，孝子不能不點頭答應。

從此，孫太太成了知府家中的常客，每次來都「借花獻佛」。那孝順的知府大人也因母命難違，就對孫老闆另眼相看。

做人做事，不可急功近利，要善於尋找機會。善於放長線釣大魚的人，看到大魚上鉤之後，總是不急著收線揚竿，把魚甩到岸上。因為這樣做，到頭來不僅可能抓不到魚，還可能把釣竿折斷。

他會按捺下心頭的喜悅，不慌不忙的收幾下線，慢慢把魚拉近岸邊；一旦大魚掙扎，便又放鬆釣線，讓游魚流竄幾下，再又慢慢收鈎。如此一收一弛，待到大魚筋疲力盡，無力掙扎，才將牠拉近岸邊，用網子撈上岸。

求人也是一樣，如果逼得太緊，別人反而會一口回絕你的請求。只有耐心等待，尋找機會，才會有成功的喜訊。有時你想求人為你辦事，他卻不一定願意為你做貴人，不想幫你辦理。怎麼辦？這就要想辦法，讓他行也得行，不行也得行，世上沒有攻不破的堡壘，更沒有感動不了的人。像孫老闆就很會利用機會。你求人幫助，尤其求那些功成名就的人，那些身懷絕技的人，那些個性特立的人，是需要下一番功夫的，要利用好機會。

某公司老闆孫先生眼下資金周轉不靈，如不及早籌措到位，會直接影響公司的生意和聲譽。他本想向銀行貸一筆款，但是，銀行卻不願意再多借給他一分錢。

就在這個時候，孫老闆忽然想到找馬先生幫忙。此人身為一個紡織公司的董事長，卻是一個非常吝嗇、一毛不拔的人。如果照常理推斷，錢是絕對借不到的，不過孫老闆還是想試試看。

孫老闆深知如果用一般的方法來和他借錢，絕無成功的可能。他經過片刻思考後，就下定了決心，打電話給馬先生，約好見面的時間和地點。到了約定的那一天，孫老闆很早就搭車前往，然而在離馬先生家還有一百五十公尺時，他就下車開始全速跑向馬先生家。

那個時候正好是夏天，孫老闆當然是滿身大汗。馬先生見了他非常詫異的問：「咦！你怎麼搞的？」

「我怕趕不上約定的時間，只好跑步趕路！」

「那你怎麼不坐計程車呢？」

「我很早就出門了，坐公共汽車來的，不過因為路上發生了車禍，所以耽誤了一些時間。

但是，我又怕時間來不及，只好下車跑來了，所以才會滿身大汗呀！」

「像你這種人也會坐公共汽車嗎？」

「怎麼？您不知道我是個吝嗇之人嗎？我怎麼會坐計程車呢？坐公共汽車既便宜又方便，而且自己沒有轎車的話，也可以省了請司機的開銷。」

「父母賜給我的這雙腳最好了，碰到趕時間的時候，只要用它跑就可以，既不花錢，又可強身，多好呀！我這種吝嗇的人哪會像你們大老闆一樣有自己的轎車呢？」

「我也很小氣啊！所以，我也沒有自家的車子。」馬先生謙遜的說。

「您那叫節儉，我這叫小氣，所以才有『小氣鬼』的綽號。」

「但是我從來沒聽說過你是這種人。其實，我才真的被人認為是吝嗇鬼！」

「馬先生，人不吝嗇的話，是無法創業的，所以，人不能太慷慨。我們做事業的人都是向銀行或他人貸款來創業的，當然是應該節儉，千萬不能隨便的浪費錢啊！」

「我們要盡量的賺錢，好報答投資的人。錢財只會聚集在喜歡它、節儉它的人身上……我經常對屬下這麼說。」

這些話使馬先生產生了共鳴，於是很反常的借錢給這個相見恨晚的孫老闆。

求人辦事時，對方能不能答應你的要求，能不能全力幫助你把事情辦成，關鍵在什麼？關鍵在你能不能製造出有利的機會，好好的利用這個機會來求人為自己辦事。

請求別人，一定要選擇好時機。當別人忙時或正在發怒時若不識相開口求人，那別人不是敷衍你就是對你翻白眼。而善於利用機會者，就能在別人高興時順勢求人，在對方容易接受的時候講出來，可以讓對方接受你的請求，這種趁虛而入請求別人當然成功率要高得多。

● **智慧經：**

利用機會求人，是非常有效的手腕。

利用機會求人，成功的機會大。

求人的機會，具有威力，不可小看。

5 先下手為強，後下手遭殃

先下手為強，後下手遭殃這句話非常之有道理，歷年來被人們作為成就大事的一種手腕。先發制人，是說先動手就能制服對方，後動手就要被對方制服。戰爭中最講先發制人，《兵經百字．上卷智部．先》云：「兵有先天，有先機，有先手，有先聲……先為最，先天之用尤為最，能用先者，能用全經矣。」

快速行動固然有許多的好處，但不顧客觀情況只是片面的強調速度，或許也會帶來負面的效應。速度應當以取得效益為前提，速度就是手腕，效益就是目的。忽略了這一點，就有可能欲速則不達了、兵之情主速，來人之不及，由不虞之道，攻其所不戒也。意思是說用兵之理，貴在神速，乘對手來不及準備，由對手意想不到的道路前進，在他沒有防備的時候進行攻擊，就一定能取得勝利。

「兵貴神速」講的就是要以快制勝這一道理。「難得的是時間，易失的是機會，」不僅是兵家的至理名言，更是店家的警箴世語。「以快制勝」是占領市場、擊敗對手的重要經營策略。市場行情瞬息萬變，要緊密跟隨市場並預見出市場變化的走向，做出靈敏，快速的反應，這樣才能在對手尚未「醒悟」的情況下，出其不意的占有市場，取得成功。

當年呼拉圈熱潮在各地掀起的時候，地處市繁華地段的兩家商店都看好了這一買賣。甲店在電視上得到資訊後，立即召開會議，決定採購員當夜出發，並深信乙店無論如何也不會如此神速。殊不知，乙店一位副理副理正出差，看到大街小巷到處都是這商品，料想此物不久會熱賣起來，於是自作主張購貨發貨。當甲店採購員還躺在火車臥鋪上酣睡時，乙店的呼拉圈已經到貨。待甲店的貨運回來時，乙店的呼拉圈已賣出了大半。

快速，可以收到出乎意外的功效。戰爭中的攻與防是一對矛盾，防範嚴密，進攻就困難，哪怕對手很弱。相反，防守鬆懈，進攻易於得手，哪怕對手實力雄厚。行動快，使進攻者在對手未及防備時突然出現，以有備攻無防，取勝勢在必然。

如同排球比賽中的「短、平、快」戰術，之所以能常常奏效，在於運用傳球時的「短」與

「平」，求得扣球時的快，在對方未曾料想之際，以迅雷不及掩耳之勢，發起進攻。

清朝咸豐年間，英法聯軍攻進城。咸豐皇帝抱病逃到熱河避暑山莊（今承德），連氣帶驚，體染沉屙，自知不久於人世，便著急起承嗣問題。正宮娘娘貞治皇后沒有兒子，懿貴妃（即後來的慈禧太后）倒有個兒子叫載淳，已經十五歲。透過多年的接觸，咸豐覺得懿貴妃雖聰明伶俐、善解人意，但卻總讓人有不放心之感。她過度熱衷朝政，野心很大，若一旦她母憑子貴，甚至像歷史上的武則天那樣，那麼江山不就是葉赫那拉家族的了嗎？最後咸豐狠下心來，決定先賜死懿貴妃，然後再封載淳為太子。但貞治皇后堅決不同意此事。咸豐只好退而求其次，寫下一道詔書，交給皇后。若日後懿貴妃一旦憑載淳的關係把持朝政，就在朝廷上當眾宣讀處死懿貴妃。另外，又召來肅順等顧命大臣，委託以重任，防懿貴妃胡鬧。肅順等老臣得此詔令，心中暗喜，想及早置懿貴妃於死地，因為他們早就對懿貴妃代咸豐批奏章之事心懷不滿。當咸豐駕崩後，剛剛光復，便立即要求與載淳扶皇柩回京，想把懿貴妃留在避暑山莊，以後就做她的「冷宮」。

精明老練的懿貴妃看透了肅順的計謀，於是用眼淚騙得皇后的同情，傳懿旨讓她隨柩進宮。肅順等覺得這樣也好，可在路上見機行事，殺死懿貴妃，便同意了。讓肅順他們沒有想到的是，懿貴妃對此早有防範，已派人進京調自己的親信榮祿帶兵來接。柩車剛上路，榮祿的兵馬就迎來了，日夜在懿貴妃身邊保護，使肅順難以下手。

肅順非常著急，見一計不成，又生一計，暗中傳令親信們讓柩車慢行，而他與幾位老臣決馬當先，向京城奔去，試圖搶先進京，控制兵權，等懿貴妃一進京就抓起來定罪。懿貴妃見柩車突然慢了下來，又不見肅順等人蹤影，便料定他們進京做手腳去了。懿貴妃跟皇后商量好，派兩個宮女打扮成她們的模樣坐在帳車中，而自己和皇后、載淳扮成百姓模樣，晝夜兼程直奔京城。

皇后她們進城後，立即召集眾臣，亮出傳國玉璽，宣讀皇上遺詔，扶太子載淳為皇帝，年號同治。一切辦完，肅順等人才氣喘吁吁回到京城。懿貴妃讓兒子傳旨，說他們謀反，立即抓起來，不久就定罪斬首示眾了。憑藉敏感的政治警覺性，懿貴妃先人一步，早人一籌，處處都趕在肅順前頭，終於躲過大難，穩定了政局。

先發制人，是說先動手就能制服對方，後動手則會被對手制服。其實，先發制人在各個方面都適用，尤其是作為主管如果能恰當的使用先發制人這種手腕，將會使自己的工作得以順利進行。

卡內基曾在《美好的人生》一書中講了自己的一段經歷：

卡內基的家就住在公園附近。因此他常常吃完飯就帶一隻叫雷斯的小獵犬到公園散步。這是個森林公園，面積很大，遊人不多。公園有一項規定，帶狗遊覽者必須為狗戴上口罩和繫上狗鍊。一開始，卡內基還常常按規定給狗戴上各種器具，時間一久也就鬆懈了。一天，他在公園裡遇見了一位騎馬的員警。員警嚴厲的對他說：「你為什麼讓你的狗跑來跑去而不給牠繫上鍊子？難道你不知這是違法嗎？」

「是，我曉得。」卡內基答道，「不過我認為牠不至於咬人。」

「法律可不管你怎麼認為的。」員警厲聲說，「這回我不追究，假如下回再讓我碰上，你就必須跟法官去談了。」

從此以後，卡內基照辦了。可是，小狗很不喜歡束縛。看到小狗的可憐樣，他心軟了，不再給牠帶上口罩。

一天，正當他與小狗賽跑的時候，剛跑過一片樹林，正好碰到那位員警跨在一匹紅棕色的馬上。員警招手讓他過去。折回跑也跑不掉了，卡內基只好硬著頭皮迎上前去。他心想，這下可栽了！他決定先發制人。所以他滿臉慚愧的說：「先生，這下你逮住我了。我有罪，你上星期警告過我的。」

幾乎出於卡內基的意料，「好說，好說。」員警回答說：「我知道，在沒有人的時候，誰都想讓小狗無拘無束的跑一跑。」

「的確忍不住，」卡內基說道，「但這是違法的。」

「哦，別說得太嚴重了。」員警很溫柔的說，「這樣吧，你只要讓牠跑過小山，到我看不到的地方，事情就算了。」

時變我變，關鍵是在一個「先」，必須強在別人的前面再次「變化」之前，改變過時的計畫，才能掌握戰場的主動權，先發制人。

- **智慧經：**

落後就要挨打。

先人一步，快人一籌。

先動手就能制服對方，後動手則會被對手制服。

6　該忍的忍，不該忍的絕不能忍

唐代詩人張公在他的《百忍歌》中寫道：

百忍歌，歌百忍。忍是大人之氣量，忍是君子之根本。能忍夏不熱，能忍冬不冷。能忍貧亦樂，能忍壽變永。量不忍則傾，富不忍則損。

張公的見解，可謂十分正確和到位，之於做人的個體者來說，遇到煩心事，不平事，吃虧事，揪心事，該忍就忍能忍就忍！忍，不是濡弱；忍，也不是退縮；忍，也不是無骨！所有的容人之忍讓人之忍及負重之忍，都是一種大道，一種有利於自我順風前行的大道。

不管是在工作中，還是在生活中，一味「忍」或一味「挺」，都不夠全面，只有做到忍與挺兼顧，方可稱得英雄之舉。

忍是一種境界，小忍則透小境界，大忍則闡大境界！凡大忍者，必成大事，小忍者，亦可為大謀。做人有手腕，自然處忍與不忍於胸腹之中。「小不忍則亂大謀」，講究做事的方圓之道。「忍」不能沒原則的忍：不該忍的忍，那是懦弱的表現；該忍的不忍，那是魯莽的作為。

生活中工作中與他人之間出現了一些小誤會、小磨擦、小分歧或者小過失，我們主張，應該以謙默忍讓之心對之，當忍就得忍。

妻子對丈夫越軌行為的一再忍讓，只會使丈夫為所欲為，變本加厲，甚至他會某一天突然認為這是正常的。母親對兒子不良行為的一再忍讓，會使不懂事的孩子誤人歧途。一再忍讓可能導致最終結果的不可收拾，讓人後悔不已。

喜歡一味忍讓的人，應該告訴自己在適當的時候要警醒一下別人，或在關鍵時候予以回擊，不要讓自己的原則受到侵犯。對於一些善意的玩笑，一時過火的行為，忍讓一下可以顯示你的涵養，但對於那些一貫性的、汙辱性的甚至無賴性的侵犯，忍讓就等於綿羊投降於惡狼面前。這時候需要的是反抗。當然在此之前不妨先警示一下對方，以示你的風度。即使你也知道反抗的結果可能是彼此斷絕來往，甚至付出更慘重的代價，你也得奮力去做。即使你力不從心，或者可能招來更大的侵犯，你也得堅強去做，因為結果往往是邪不壓正。不管結果如何，你要從維護自己的形象出發，從拯救一個醜惡的靈魂出發，給予迎頭痛擊，讓他知道，該如何尊重人。

忍與挺，作為一種策略，或者作為一種做人的手腕，無論何種場合，不可偏頗。從理論上講，忍，展現友善、涵養、通情達理；挺，則顯示尊嚴、原則和力量。還要根據形勢變化，靈活運用。只要運用得當，還是有助於我們構建和諧、美好的工作和生活氛圍的。

• **智慧經：**

忍，展現友善、涵養、通情達理；

挺，則顯示尊嚴、原則和力量。

忍挺兼顧是必不可少的做人手腕。

忍與挺兼顧，方可稱得英雄之舉。

7　左右逢源

決定人生成敗的重要因素就是人際關係的好壞。雖然人的心裡很難用法則來規範統一，但是人的心理是有些共通之處的，因此為人處世也要掌握一定的手腕，能夠洞悉人情世故奧妙之處的人，便是在世上能夠左右逢源的人。

《紅樓夢》裡，最會辦事，最擅長辦事的，要數左右逢源、八面玲瓏的鳳姐了。一天，邢夫人把鳳姐找來，悄悄向鳳姐兒道：「叫你來不為別的，老爺因看上了老太太屋裡的鴛鴦，要她在房裡，叫我和老太太討去。我怕老太大不給，你可有法子辦這件事麼？」鳳姐兒聽了，忙賠笑道：「依我說，竟別碰這個釘子去。老太太離了鴛鴦，飯也吃不下去哪裡就捨得了？太太別惱，我是不敢去的。明放著不中用，而且反招出沒意思來。老爺如今上了年紀，行事不免有點兒背晦，太太勸勸才是。」邢夫人冷笑道：「大家子三房四妾的也多，偏我們就使不得？我勸了也未必依。就是老太太心愛的丫頭，這麼鬍子蒼白了又做了官的一個大兒子，要了做屋裡人，也未必好駁回的。我叫了你來，不過商議商議，你先派了一篇的不是。也有叫你去的理？自然是我說去。你倒說我不勸，你還是不知老爺那性子的，勸不成，先和我鬧起來了。」

鳳姐兒知道邢夫人稟性愚弱，只知奉承賈赦以自保，次則婪取財貨為自得，家下一應大小事務，俱由賈赦擺布。兒女奴僕，一人不靠，一言不聽。如今又聽邢夫人如此的話，便知他又弄左性子，勸也不中用了，連忙賠笑說道：「太太這話說的極是。我能知道什麼輕重？想來父母跟前，別說一個丫頭，就是那麼大的一個活寶貝，不給老爺給誰？依我說，要討，今兒就討去。我先過去哄著老太太，等太太過去了，我搭訕著走開，把屋子裡的人我也帶開，太太好和老太太說。給了更好，不給也沒妨礙，眾人也不知道。」邢夫人見她這般說，便又喜歡起來，又告訴她道：「我的主意先不和老太太說。老太太要說不給，這事便死了。我心裡想著先悄悄的和鴛鴦說。她要是害臊不言語，就妥了。那時再和老太太說，老太太雖不依，擱不住她願意，常言『人去不中留』，自然這就妥了。」鳳姐兒笑道：「到底是太太有智謀，這是千妥萬妥。別說是鴛鴦，憑他是誰，那一個不想巴高望上、不想出頭的？」邢夫人笑道：「正是這個話了。你先過去，別露一點風聲，我吃了晚餐就過來。」

風姐兒暗想：「鴛鴦素昔是個極有心胸氣性的丫頭，雖如此說，保不嚴她願意不願意。我先過去了，太太后過去，她要依了便沒的話說：倘或不依，太太是多疑的人，只怕疑我走了風聲，叫他拿腔作勢的。那時太太又見應了我的話，羞惱變成怒，拿我出起氣來，倒沒意思。不如同著一齊過去了，她依也罷，不依也罷，就疑不到我身上了。」想畢，因笑道：「才我臨來，舅母那邊送了兩籠子鵪鶉，我吩咐他們炸了，原要趕太太晚餐上送過來。我才進大門時，見小子們抬車，說太太的車拔了縫，拿去收拾去了。不如這會子坐了我的車，一齊過去倒好。」邢夫人聽了，便命人來換衣裳。鳳姐忙著服侍了一會兒，娘兒兩個坐車過來。鳳姐兒又說道：「太太過老太太那裡去，我若跟了去，老太太若問起我過來做什麼，那倒不好；不如太太先去，我脫了衣裳再來。」

邢夫人聽了有理，便自往賈母處。

鳳姐兒左右逢源、見機行事之術可見一斑。若是有好事兒，她肯定是百米衝刺跑在最前頭；要是估著沒什麼好兒，她則施展一招絕活，將「皮球」踢給別人。從此事中已見鳳姐兒「推法」之妙。

人們都只知海闊憑魚躍，天高任鳥飛，卻不知海不闊天不高之說。在現實生活中，客觀環境往往就不允許你躍，不允許你飛，所以你要學會應變，做到左右逢源。

做到左右逢源需要從六個方面入手。

方與圓：方是做人的脊梁；圓是處世錦囊。過度的方，剛愎自用，鋒芒畢露，有勇無謀；過度的圓，唯唯諾諾，毫無主見，縮手縮腳。如何把握？只有靠個人的把握與感悟。聰明與愚蠢之分，也正是在此。

剛與柔：過柔則靡，太剛易折。該剛則剛，該柔則柔；人剛我柔，人柔我剛；人柔我亦柔，人剛我更剛。運用自如，遊刃有餘，到底誰能笑到最後，還用說嗎？

表與裡：為人應表裡如一；察人須由表及裡。做人要表裡如一，而且要重在充實裡。做人要講藝術。表裡如一是藝術，表裡不如一也是藝術。揣摩它，奧妙無窮，樂趣無窮。

禮與兵：禮使人雅，兵使人威。遇到事情究竟是先兵後禮，還是先禮後兵，兵禮兼用時如何把握彼此的「度」，這些，都是我們在為人處世時需要慢慢揣摩和體會的。

忍與抗：忍得難忍之事者，抗則無往不勝。忍耐是人最基本的生存智慧。忍一時風平浪靜，退一步海闊天空。人，就應該在忍耐中生活，在生活中忍耐。有時候忍耐住剛強直率的性格與對手周旋，是抗的良策。相反以硬碰硬，會讓自己吃大虧的。

從與違：捨己從人無違緣。探討這個話題，至少應該弄明白三點：你該從什麼？你該違什麼？怎樣讓別人從你。其實天下的道理都是善於總結分析的人透過自己的，前人的寶貴經驗和實踐總結而得來的，在我們看來深奧而無法一時理解，其實重要的不是記住這些文字，而是對這些道理在現實中的合理運用才是真正需要掌握的本領！

- **智慧經：**

方是做人的脊梁；圓是處世錦囊。

學會方圓之道，你定會成功。

要想在事業上一展才華，就要學會左右逢源。

8　在適當的時候表現自己

傳統常把「深藏不露」看作一種美德，一個人的優點、成績和才能，只能由別人來發現。至於自己，儘管你已做出許多成績，有淵博的知識和驚人的才華，也只能說自己「才疏學淺」。如果有誰鋒芒太露，就容易召來非議。人們喜歡恭順謙讓者。因此，「毛遂自薦」的故事，聽起來總不如「三顧茅廬」那樣入耳。勇於表現自己才華的人，也總不如「謙謙君子」那樣受到歡迎。

然而，在今天激烈競爭的年代，一味做「謙謙君子」，卻有可能成為一大缺點。競爭就是要「競」要「爭」，就是要敢於和別人去一比高下。

在角色多如牛毛的社會舞台上，總有一些人一出場就能贏得滿堂喝采，一抬首、一頓足就能顯出與眾不同，惹人注目。而我們大多數人，卻彷彿註定了默默無聞，只是來來往往，不會令田裡的農夫忘記鋤地，也不能吸引眾多的眼光注目。我們的平凡無奇，彷彿是無力改變的，彷彿就是為了襯托出「紅花」的嬌豔美麗。

你甘心一輩子只做「綠葉」嗎？你難道不想當一回社交圈中的明星，風光一回嗎？你難道不想讓別人對你過目不忘、豔羨不已而崇拜嗎？

一般來說，主管能夠搶功的最大原因就是隔斷了高層主管與下級員工之間的可視度，使自己能夠瞞上欺下，冒報業績，如果你能夠使高層注意你的才能，乘機獲得高層主管的信賴，是你防止主管搶功的另一高明手腕。

要讓高層主管看到你的表現，有一個很好的管道，就是 E-mail。一般公司都會為每位員工建一個專用 E-mail 電子信箱，用於下達任務、上報請示或傳達一些通知。如果你有個業務完成了或是有個成果出來，可以利用 E-mail 溝通。除了寄給自己的直屬主管外，也可以寄副本給更上面的主管，彙報檔工作完成了，這樣當主管向高層邀功時，能夠讓高層很清楚的明白誰是小人，誰是君子。

有的人儘管優秀，但總難以出人頭地，因為他不能獲得別人的關注。成功基本上需要得到別人的認可，所以，應該在適當的時候表現自己，讓別人的眼睛注意到你。

現在很多公司都會舉行員工大會，讓員工提出一些對公司的建議或需要解決的問題。如果平時你沒有和高層主管接觸的機會，你可以藉此機會指出公司存在的一些問題。因為你是為公司著想，高層主管會覺得你是與公司榮辱與共，絕對不會因為你的話而感到不舒服。當然，最重要的是你能夠提供解決的辦法或者改進的方案，如果可行性強，那麼你的才能在高層主管心中一定會留下很深的印象，而且還有可能就讓你負責這個項目，這樣自己的直屬主管有所顧忌，就不敢隨便搶功。

當然，你也不要恃寵而驕，對直屬主管下達的任務要高品質的完成，不要因此壞了自己在眾同事心中的形象。

在今日瞬息萬變的競爭環境中，人們每日為工作所忙，實在沒有充足的時間去慢慢發掘人才或主動與下屬交流以了解其才華。因此，如果你身為下屬，仍然只是事事表現謙讓，或未能把握機會表現自己才華、或不知主動積極爭取發揮一己所長的良機，則恐將使你喪失出人頭地或成功的機會，也會因有志難酬而抱憾終身。所以應該要把握機會，勇敢秀出自己。每個人都擁有許多機會，但機會還需自己伸手把握。

沒有人天生就能擁有比其他人更耀眼的光芒，每個人都必須學習如何吸引他人關注的目光，特別是在人生的起步階段，就應該讓自己的名字和聲譽附上一種與眾不同的特質，使自己超越於別人。這個形象可以是某種個人化的穿著打扮，或是讓人們津津樂道的生活逸事，或是由內到外折射出的性格氣質。一旦建立起了自己的良好形象，就會在閃亮的星空中占據一席之地。

熙熙攘攘的人群中，總會有人雖也如驚鴻一般飄然而過，卻讓你久久回首，難以忘記；社交聚會中，每個人都明豔照人，使盡渾身解數博取注意力，而有人卻獨領風騷，讓人以為他是一個大人物，急於結交。

社會變革的加快，加速了知識更新的步伐。在現代社會，人們的才能和精力都受時間的制約。錯過了時機，知識就會貶值，精力就會衰退。如果一個人不能在自己的黃金時代抓住機會，大膽、主動貢獻出自己的聰明才智，若總是「藏而不露」，那就會貽誤時機。等到有一天別人終於發現你時，也許早已錯過了時機，你的知識和特長已經成為過時的東西。在知識驟增的今天，不管你怎樣「學富五車」，也只能在短短時間內保持優勢，能不能在這短短的時間內獲得施展的舞台，將成為決定你成敗的關鍵。現代社會是人才濟濟的社會，可供社會選擇的人才很多。你既然扭扭捏捏，羞羞答答，表示自己這也不行，那也不行，那麼，有誰還願意放著明擺的別的能人不用，而來花時間考察了解你呢。而且，既然存在著競爭，對於機會，別人就不會同你謙讓，而會同你競爭。一旦你失去被選擇的機會，別人就會捷足先登，而你只好自歎弗如了。

社會熱切需要不同凡響的人物能夠挺身而出，他們最好超越一般平常大眾之上。因此，永遠不要害怕讓自己擁有與眾不同且吸引目光的特點。惹是生非、受人攻擊都好過無人問津、碌碌無為，幾乎所有的行業都遵循這一法則，實際上所有的專業人士都應該帶點演員的氣質，在自己的人生舞台上，導演出一場神祕的戲劇，或正面，或反面。

莎士比亞認為，只有在我們展現出自己的風采、運用自己的天賦「光照世界」的時候，天賦才會成為天賦。那麼，你為什麼要掩藏自己的才能呢？就讓才華的火炬熠熠生輝，用熊熊的火焰照亮這個世界吧！

- **智慧經：**

抓住機會，使自己的個性亮起來，成為關注的焦點。

顯示自己的才能，這不是出風頭，而是對自己的尊重以及對社會的負責。

9　後退是一種策略

當前面的路被一座山擋住時，我們只能繞過去。這樣雖然要多走一些路，但卻能保證到達目的地。

因此，一個人要做成一件事，不懂得後退是不行的。後退是一種做人手腕。不懂得後退的人，往往難以達到目的，還可能碰得頭破血流。

幾天前，一位同事憂心忡忡的說，他的小孩最近數學成績大退步，氣得他一連數頓都沒吃好飯，來問我該如何辦。我問他是何種原因導致這種局面。他說也並非孩子不刻苦用功，老師的作業每天使孩子累得連自己心愛的足球賽也無法看，體育鍛鍊的時間更不用說了。可這孩子對戲劇藝術挺感興趣，無論什麼時候一談起京劇便能脫口而唱出，而且其嗓音也是極其出色的。但孩子的父親認為，在目前社會學京劇是沒有出息的。於是對這孩子的興趣橫加指責而不去鼓勵他自由發展。聽他這麼一說，我頗感興趣。好一個急於事功，只求成而不願敗的父親！

後來，我建議他必須退讓，不能強逼孩子去做自己不願做的事，也不能強逼他放棄自己的興趣和業餘愛好，唯一可行的辦法就是退一步海闊天空，讓孩子在廣闊的天地裡找到自己的影子、歡樂、痛苦、失敗，當然，最終他肯定會找到自己的成功！

果然不出所料，過了幾週，同事跑來告訴我說他孩子參加了業餘京劇班，進步很快。同時，學習也得心應手，心理壓力被去掉了，似乎前邊的路很寬，也很輕鬆。

「盛極必衰，物極必反。」是事物發展的必然規律。自古以來，人的進退，原來就不是件容易處理的事，尤其是「退」字，但是不管個人的主觀願望如何，只知進不知退。

後退是為了造就自我進取的資本。身處競爭時代，首先應要造就自己進取的資本。「鋼鐵大王」卡內基，運用此法之高明，足以稱得上謀略過人的商戰高手。

西元一八九八年，「華東街大佬」金融巨頭摩根與「鋼鐵大王」卡內基開始了一場沒有硝煙的戰爭。

受美西戰爭的影響，使得匹茲堡的鋼鐵需求高漲。而美西戰爭最後以美國勝利而告終，使得美國在國際上聲望日降。在這樣的背景下，摩根向卡內基發動鋼鐵戰爭其意義就更加重大了。

摩根早將目光盯上了鋼鐵，因為他意識到鋼鐵工業前途無量。摩根並把安插高級管理人員作為融資條件，送入伊利鋼鐵和明尼蘇達鋼鐵兩家公司，從而控制了這兩家公司的實權。但這兩家公司與卡內基的鋼鐵公司相比，只能算中小企業而已。由於美西戰爭導致鋼鐵價格上漲，摩根對鋼鐵的興趣更加濃厚，便決定向卡內基發起進攻。

野心勃勃的摩根，一心想主宰全美鋼鐵公司。所以，一出手就首先拿卡內基開刀。摩根首先答應了號稱「百萬賭徒」的融資請求，合併了美國中西部的一系列中小企業，成立了聯邦鋼鐵公司，同時拉攏了國家鋼管公司和美國鋼網公司。接著，摩根又操縱聯邦鋼鐵公司的關係企業和自己所屬的全部鐵路，同時取消了對卡內基的訂貨。

原以為卡內基會立即作出反應。但與摩根的預想相反，卡內基卻紋絲不動。作為玩股票起家的卡內基，他比任何人都更明白：冷靜是最好的對策。特別在這個關頭，自己面臨的對手是能在美國呼風喚雨的金融巨頭，如果此時倉促作出反應，那最後倒楣的將是自己。

卡內基更清楚自己的「分量」。他深知自己的鋼鐵業在美國所占的市場，這些市場如果失去了卡內基的支援，勢必會有相當一部分企業因此而蒙受損失，到那時，卡內基並不愁自己鋼鐵的出路，——你不要自然有別人要！

摩根很快意識到在這事上栽了跟頭。他馬上採取了第二步驟：美國鋼鐵業必須合併！是否合併貝斯列赫姆，我還在考慮中，但合併卡內基鋼鐵公司，則是絕對的！摩根向卡內基發出了這樣的資訊，甚至他還威脅道：「如果卡內基拒絕，我將找貝斯列赫姆。」

別的挑戰並不可怕，但是，一旦摩根與貝斯列赫姆聯手，自己顯然不妙。在分析了形勢，估計了發展後，卡內基終於作出了決定：「大合併相當有趣，不妨參加。至於條件，我只要大合併後的新公司債，不要股票，至於新公司的公司債方面，對卡內基鋼鐵資產的時價額，以一元對一點五元計算。」這對摩根來說，條件太苛刻了！但摩根沉默片刻。還是答應了卡內基的條件。

在商戰中，不能死抱住一些今日的蠅頭小利。應該為了長遠目標而放棄眼前利益，尤其是在情形不利時，更是善於退讓，塞翁失馬，焉知非福？只有善於退讓的人，才能賺到大錢。

卡內基看準了摩根的心理，同時抓住了摩根的弱點：你不是迫不及待的想合併嗎？行，我答應你。但條件要聽我的。這樣，以一比一點五的比率兌換了卡內基鋼鐵公司資產的市價金額後，卡內基的資產一下子從當時的兩億多美元躍到四億美元！

卡內基對付摩根的辦法，看似卡內基非常「軟弱」，當摩根採取第一步時。卡內基無動於衷；當摩根採取第二個步驟時，卡內基更似乎未作任何抵抗便「就範」了。但是，卡內基的看似讓步，而實際上卻取得了一次大的飛躍，不能不說卡內基退了一步，而實際上進了兩步。最後的真正勝利者，是卡內基，而不是摩根！

「退」從表面上看，意味著膽怯、失敗。但是下面一個事實也許會令你感歎不已。森林中，唯老虎為百獸之王，誰見誰怕之，無不拔腿而逃跑。可謂虎者，威風凜凜的權威和王者象徵也。可是，你仔細觀察，這樣一種虎王，在捕食時卻總是先後退幾步，然後狂奔而上，緊緊的抓住獵物。老虎尚知道在進攻時後退幾步，以便產生更大的力量，而我們又何苦於只知前進，不知後退呢？

俗話說：「留得青山在，不愁沒柴燒。」退與進是一種辯證關係，暫時的退卻是為了將來的進攻。然而真正能夠懂得其深刻含義的人卻未必多，因為人人都嚮往著高官厚祿，幸福榮華。在「退」上欠火候，可能都會使一生功績毀於一旦，身敗名裂，遺恨終生！

- **智慧經：**

短暫的隱退會讓你變得神祕。

退了一步，反面獲得了利益。

暫時的退卻是為了將來的進攻。

第5章　處世有道，投人所好

社交是個大課堂，其中深藏著許多大大小小的處世學問。每個學問都不是粗茶淡飯，可有可無；相反，卻構成了人生重要的成敗課題。社交處世是世上最難以解說的事情，但它又常常纏繞人心，令人欲罷不能。其實社交就是考驗人的戰場，有手腕的人總能打勝這場仗，因為他們懂得看透人心，善於投人所好，使自己讓人喜愛，並盡量成為其他人的好朋友。

1　給人留下一個美好的印象

在與人交往的過程中，人們非常注意形象：第一次和某個陌生人接觸，第一次受委託替別人做事情，第一次同他人合作，第一次到公司上班，第一次跟主管見面，第一次同異性約會等等。如果第一次印象頗佳或者比較滿意，其心理上所形成的認識定勢，往往會極其深刻的，甚至是先入為主的影響日後的交往或者以後的看法。這種在第一次交往中留下的印象影響以後的印象，在心理學上就被稱為形象效應。

無論是商界還是職場，無論是工作還是休閒，無論是人際溝通還是情愛天地，需要你有著良好的形象。一個良好的形象，展示給人們你的自信、尊嚴、力量、能力，它並不僅僅反映在對別人的視覺效率，同時它也是一種外在輔助工具，它讓你對自己的言行有了更高的要求，能立刻喚起你內在沉積的優良素養，透過你的穿著、微笑、目光接觸、握手、一舉一動，讓你渾身都散發著一個成功者的魅力。成功的形象為你事業的成功起者推波助瀾的作用。對於那些追求成功的人，創立一個可信任的、有競爭力、積極向上、有時代感的形象，無論你在什麼群體中都能獲取公眾的信任從而脫穎而出。

現代生活的節奏快，人和人的接觸短暫，往往我們只有一個機會告訴另外一個人我們是誰，在商業、政治和戀愛等交際場合中，語言和文字常常不夠使用，我們得用衣著服裝來表明自己的個性和意向。

心理學家研究表明，服裝對人心理有著重要的影響。服飾是否有魅力直接關係到個人良好形象與威信的確立與否。

一個人的服飾對於自身形象的塑造、傳播就是這般重要。一般都可以這樣說，沒有得體的服飾，就沒有自身良好的形象。

每一個嚮往獲得成功、渴望贏得尊敬的人都重視衣著。「什麼樣的衣著決定什麼樣的性格。」穿戴整潔的意識形成優雅從容的風度，而衣衫襤褸、衣冠不整使人感覺齷齪、猥瑣和局促不安，缺乏尊嚴和莊重感。我們的衣著會影響我們的情緒和自我感覺，任何有這種體會的人都知道這一點——誰又沒有過這種體會呢？穿著合身的新衣，讓人精神煥發，春光滿面。彆扭、骯髒的衣服有損人的精神狀態和風度。

一位企業家這樣說道：「在商界，企業家最初的合作看什麼？其實很大的成分看衣著。有一次，我想開發一種新的產品，一位朋友給我介紹了一個合作夥伴。見面的那天，他穿著西裝，裡面沒穿襯衫，只穿了一件圓領衫，手裡拎著一個手機。」

「我當時看著就很彆扭。你想想，西裝是多正式的著裝，他穿了件圓領衫來配。還拎著個手機。典型的暴發戶形象，我當時就決定，不與他合作。後來，朋友說，他真的很有錢，而你正缺錢。我說，我缺錢不假，可是合作夥伴這個人才是主要的。他出錢他要參與，要管理，要與我共同決策，他的水準直接影響到我的生意，所以我不選擇他。」

莎士比亞說：「衣裝是人的門面」，這一說法得到了全世界的認同。許多人經常因為他們不得體的穿著而備受指責。初看起來，僅憑衣著去判斷一個人似乎膚淺輕率了些。但經驗一再證明：衣著的確是衡量穿衣人的品味和自尊感的一個標準。渴望成功的有志者應該像選擇伴侶一樣謹慎的選擇衣裝。古諺云：「我根據你的伴侶就能判斷你是什麼樣的人。」某個哲學家也說過一句精妙的話：「讓我看看一個婦女一生所穿的所有衣服，我就能寫出一部關於她的傳記。」

高尚的理想、活潑健康的生活和工作本身與個人衛生的不整潔都是勢不兩立的。一個忽視洗澡的年輕人也會忽視他的心靈，他會很快全面墮落。一個不注意儀表的年輕女人很快就無法取悅於人，她會一步步墮落成一個不思上進的邋遢女人。

無論如何，衣著得體都是有益無害的。穿著合身衣服的感覺令人精神振奮。不管你的自制力有多強，你都會受到周圍環境的影響。如果你衣衫不整、不修邊幅、房間凌亂、隨隨便便，那麼你很快會發現自己已沾染上衣裝和環境的習氣了。你的思想會一路下滑，它會鬆弛懈怠，變得像你的身體一樣邋遢凌亂，缺乏生氣。相反，當你憂心忡忡、身體不適、無心工作的時候，你不是身穿睡衣無所事事的躺在床上。而是去洗一個熱水澡——或是來一次桑拿浴一然後換上一身新衣，像是去赴盛大宴會一般仔細修飾一番，那麼你就會有脫胎換骨的感覺。在你穿完衣服之前，你的憂傷和病懨懨的情緒十有八九會消逝得無影無蹤，你的精神面貌已煥然一新。

形象，也並不是一個簡單的穿衣和外表長相的概念，而是一個綜合全面素養，外表與內在結合的、一個在流動中的印象。

站立、步行、端坐，雖然都是單純的動作，但是，其重要性卻比舞藝高超來得大。我的朋友中，有人不善於跳舞，但卻舉止高雅，但是，並無精於舞蹈，卻拙於舉止的人。能站得挺直，走得雄偉，又能坐得端正的人並不多見。出現在人前，是一副萎縮模樣的人，坐下來時，也是不自然的伸長了身體，極為懶散不堪。心性率直，凡事不在乎的人，則是將全身的重量，一股腦的壓在椅子上。這些動作，即使是看在至親好友的。眼裡，也會頗不以為然。

標準的坐姿是要有愉快的心情支撐的，由外觀之，這種姿勢並非使盡全力，而是輕鬆坐下來，不是採取身體僵硬不動的姿勢，而是非常自然的動作。你大概能做到這一點吧！若是不能，應該盡可能練習，以達到接近標準的動作。

此種看起來微不足道的動作，但它無論是對女性還是男性的心，都會產生深深的吸引。在工作場所這種情形也相同。優雅的站立動作，能打動多少人的心，這是我們所熟知的事。

形象的內容包含的太豐實了，它包括你的穿著、言行、舉止、修養、生活方式、知識層次、家庭出身、你住在哪裡、開什麼車、和什麼人交朋友等等。它們在清楚的為你下著定義

——無聲而準確的在講述你的故事——你是誰、你的社會位置、你如何生活、你是否有發展前途……形象的綜合性和它包含的豐富內容，為我們塑造成功富有的形象提供了很大的迴旋空間。

- **智慧經：**

給人留下一個美好的印象。

人的形象往往影響一個人的命運。

能使人著迷，產生好感。

2　記住別人的名字

即使很久沒見過面了，仍然能描述碰到過的人裡最風趣、最迷人、最和藹、最有禮貌、最有成就的人，那肯定是能記得住你名字的那個人。為什麼我們能這樣確定呢？因為我們都是人，人性的本能會讓我們知道，記得我們名字的人，一定尊敬我們，因為名字是構成身分與自尊的重要一環。

多數人不記得姓名，只因為他們沒有下必要的功夫與精力把姓名牢記在心。他們給自己找藉口：他們太忙。

但他們大概不會比羅斯福更忙，羅斯福甚至對所接觸的機械師的名字也用功夫去記憶追想。克萊斯勒汽車公司為羅斯福先生製造了一輛特別汽車，張伯倫及一位機械師將此車送交至白宮。我面前有張伯倫的一封敘述事情經過的信：「我教羅斯福總統如何駕駛一輛裝有許多特別裝置的汽車，而他教我許多關於處理人的藝術。張伯倫先生寫道：

當我到白宮訪問的時候總統非常愉快，他呼我的名字，使我感到非常安適，給我留下深刻印象的是，他對我要說明及告訴他的事項真切注意。這輛車設計完美，能完全用手駕駛，羅斯福對圍觀的那群人說：「這車真奇妙，你只要按一下開關，即可開動，你可不費力的駕駛它。我認為這車非常好——儘管我不懂它是如何運轉的。我真願意有時間將它拆開，看看它是如何發動的。」

當羅斯福的許多朋友及同仁對這輛車表示羨慕時，他當著他們的面說：「張伯倫先生，我真感謝你，感謝你設計這車所費的時間精力。這是一件傑出的工程！」他讚賞輻射器、特別反光鏡、鐘、特別照射燈、椅墊的式樣、駕駛座位的位置和衣箱內有不同標記的特別衣框。換言之，他注意每件細微的事情，他了解這些有關我的情況是費了許多心思的。他特別注意將這些設備使羅斯福夫人、勞工部長及他的祕書波金女士注意。他甚至還對老黑人侍者說：「喬治，你特別要好好的照顧這些衣箱。」

當駕駛課程完畢之後，總統轉向我說：「好了，張伯倫先生，我想我該回去工作了。」

我帶了一位機械師到白宮去，他被介紹給羅斯福。他沒有同總統談話，而羅斯福只聽到他的名字一次。他是一個怕羞的人，避在後面。但在離開我們以前，總統找尋這位機械師，與他握手，呼他名字，並謝謝他到華盛頓來。他的致謝絕非草率，確是一種真誠，我是能感覺到的。回到紐約數天之後，我接到羅斯福總統親筆簽名的照片，並附有簡短的致謝信，再對我給他的幫忙表示感激。他竟會花時間這樣做真令我感到激動萬分！

羅斯福知道一種最簡單、最明顯、最重要的獲得好感的辦法，那就是記住他人的姓名，使他人感覺對於別人很重要。但我們中有多少人這樣做呢？

很多時候，我們被介紹給一位陌生人，談幾分鐘，在臨別的時候，連那人姓什麼都不記得。

名字是一個人的記號，代表著一個人的一切，榮與辱，成與敗，高貴與卑賤……對於一個人來說，名字是所有語言中最突出。記住對方的名字，用最動聽的聲音，清清楚楚的把它叫出來，等於給對方一個很巧妙的讚美。而若是把他的名字忘了，或寫錯了，就會處於非常不利的地位。

記住對方姓名的手腕在事業與交際上的重要性，和在政治上差不多同等重要。

恩特．卡內基雖然被稱為鋼鐵大王，但他自己對鋼鐵製造懂得很少。因為他有千百人替他工作，他們懂得鋼鐵要比他多得多。但他知道如何與人相處——那就是使他致富的原因。

在早年他已顯出有超越的組織本領和領導天才。當他十歲的時候，已發現了人們對自己的姓名非常的重視。他有了這個發現，就加以去利用。

在他童年時曾經獲得一隻母兔子。這頭母兔，很快的生下一窩小兔來。可是，找不到可以餵小兔吃的東西。但是他想出一個聰明的主意來。他跟鄰近的那些小孩子說，如果誰去採小兔吃的東西，這頭小兔就用誰的名字命名。後來這些小兔有了足夠的食物吃了。

多年以後，卡內基在商業上應用同樣的心理學原因，並因此獲得了巨額利潤。例如：他要將鋼鐵路軌售予賓夕法尼亞鐵路。湯姆生當時是賓夕法尼亞鐵路局的局長。所以，卡內基在匹茲堡建造了一所大鋼鐵廠，命名「湯姆生鋼鐵廠」。

有一次，當卡內基和布林姆競爭小型汽車、小客車業務的權利時，又想起了兔子的教訓。恩特．卡內基負責的中央運輸公司與布林姆所經營的公司都要爭取太平洋鐵路的小型汽車、小客車業務，互相排擠，接連削價，幾乎已侵蝕到他們可以獲得的利益。卡內基和布林姆都去紐約見太平洋鐵路局的董事會。那天晚上，卡內基在聖尼古拉旅館遇到了布林姆，他說：「晚安，普爾門先生，我們兩個不是在作弄自己嗎！」

「你是什麼意思？」布林姆問道。

於是卡內基講出了他心中的想法一一將他們雙方的利益合併起來。他用鮮明的詞句，敘述互相合作而非競爭的彼此利益。布林姆雖然注意聽著，並沒有完全同意，而最後他問：「這家新公司，你準備叫做什麼？」卡內基馬上就回答：「那當然用布林姆皇宮汽車公司了。」

布林姆那張凝得緊緊的臉，頓時鬆了下來，他說：「卡內基先生，到我房裡來，讓我們詳細談談！」就是那一次的談話，寫下企業界一頁新的歷史。

恩特．卡內基這種記住他人姓名的作法，是他成為商界領袖的一大祕訣。他能叫出很多工人的名字，這是他引以自豪的事。他常得意的說，他親自處理公司業務的時候，他的公司從沒有發生過罷工的情形。

不論是生意場合還是個人關係，如果我們讓他人覺得他很有價值，那就是最佳的言辭溝通了。注意聽人介紹別人的名字，用意象聯想的方法牢記別人的名字，叫出別人的名字。任何情況中，這三種方法都可以增加你成功的機會。這三個方法，是一個基本技巧的三部分。別忘了，首先要做到的是聽。倘若你不曾聽別人的名字叫什麼，就不可能用聯想法來記憶，以後再碰到那個人時，當然也就叫不出他的名字。若想以言辭取勝，首先就要注意聽別人叫什麼名字，接下來就是要記住別人的名字。

- **智慧經：**

如果你要人們喜歡你，你要記住你所接觸到的每一個人的姓名。

一種最簡單、最明顯、最重要的獲得好感的辦法，那就是記住他人的姓名，使他人感覺對於別人很重要。

3 笑，取勝的法寶

笑是猶太人獲得成功的關鍵手腕之一。由於長期以來沒有自己的國家，在他人國家中生活的猶太人，經常受到歧視，登峰造極的就是納粹對猶太人的殘酷迫害。為了在逆境下生存，猶太人一直沒有忘記作為心靈港灣的笑。

笑不僅能使心靈感到平靜，還有其他效果。有這樣一個人，他就是這樣做的：

「我已經結婚十八年多了，」他說，「在這段時間裡，從我早上起來，到我要上班的時候，我很少對我太太微笑，或對他說上幾句話。我是百老匯最悶悶不樂的。」

「既然微笑可以帶來很多好處，我就決定試一個星期看看。因此，第二天早上梳頭的時候，我就看看鏡中我的滿面愁容，對自己說，『你今天要把臉上的愁容一掃而空。你要微笑起來。你現在就開始微笑。』當我坐下吃早餐的時候，我以『早安，親愛的』跟我太太打招呼，同時對她微笑。」

「我以為，她可能大吃一驚，但她的反應是被搞糊塗了，她驚愕不已。我對她說，她從此以後把我這種態度看成慣常的事情。而我每天早晨這樣做，已經有兩個月了。」

「這種做法改變了我的態度，在這兩個月中，我們家所得到的幸福比去年一年還多。」

「我要去上班的時候，就會對大樓的電梯管理員微笑著，說一聲『早安』我以微笑跟大樓門口的警衛打招呼；我對地鐵火車的出納小姐微笑，當我跟她換零錢的時候；當我站在公司樓下時，我對那些以前從沒見過我微笑的人微笑。」

「我很快就發現，每一個人也對我報以微笑。我以一種愉悅的態度，來對待那些滿肚子牢騷的人。我一面聽著他們的牢騷，一面微笑著，於是問題就容易解決了。我發現微笑帶給我更多的收入，每天都帶來更多的鈔票。」

「我跟另一位經理共用一間辦公室。他的職員之一是個很討人喜歡的年輕人，我告訴他最近我所學到的做人手腕，我很為所得到的結果而高興。他接著承認說，當我最初跟他共用辦公室的時候，他認為我是個非常悶悶不樂的人——直到最近，他才改變看法。他說當我微笑的時候，我充滿親和。」

「我也改掉批評他的習慣。我現在只賞識和讚美他人，而不蔑視他人。我已經停止談論我所要的。我現在試著從別人的觀點來看事物，而這真的改變著我的人生。我變成一個完全不同的人，一個更快樂的人，一個更富有的人，在友誼和幸福方面很富有——這些也才是真正重要的事物。」

「真誠的微笑，其效用如同神奇的按鈕，能立即接通他人友善的感情，因為它在告訴對方：我喜歡你，我願意做你的朋友。同時也在說：我認為你也會喜歡我的。」這是拿破崙．希爾的經驗總結。

在社會生活中，微笑已成為人們富有人性的特徵。它有助於人們克服羞怯的情緒和困窘的感情，並有助於人們之間的交往和友誼。有的心理學家甚至認為「會不會微笑是衡量一個人對周圍環境適應的尺度。」這種說法雖然不免有點誇張，但微笑確實能抒發健康的情緒，減輕生活的緊張感與環境的束縛感，達到「樂以忘憂」的境界。

沃爾瑪零售公司的人事經理說，他寧願雇傭一名有可愛的笑容而沒有念完高中女孩，也不願意雇用一個板著冷冰冰臉孔的博士。

一名大學生到一家剛剛成立的公司參加應聘，見這裡設施簡陋，立即滿臉愁容，精神不振。老闆一看他的神態，便失去了繼續交談的興趣。而另一位大學生沒有因為公司設施簡陋而感到沮喪，他微笑著對老闆說：「我如果能夠來到這裡工作，心裡非常高興，我一定會努力工作。」老闆立即對他產生了好感，很快面試就通過了。

笑是一種內心自信的流露，會感染別人；笑，是一種是對他人一種友好的表示。甜甜的微笑，不會花費你多大的代價，卻能給你帶來意想不到的巨大成功。

一九一九年，美國旅館業大王希爾頓把父親留給他的一萬兩千美元連同自己賺來的幾千美元投資出去，開始了他雄心勃勃的經營旅館的生涯。當他的資產奇蹟般的增值到幾千萬美元的時候，他欣喜而自豪的把這一成就告訴了母親。出乎意料的是，他的母親淡然的說：「依我看，你和以前根本沒有什麼兩樣……事實上你必須把握比五千一百萬美元更值錢的東西：除了對顧客誠實之外，還要想辦法使來希爾頓旅館的人住過了還想再來住，你要想出這樣一種簡單、容易、不花本錢而行之久遠的辦法去吸引顧客。這樣你的旅館才有前途。」

經過了長時間的迷惘和摸索，希爾頓找到了具備母親說的「簡單、容易、不花本錢而行之久遠」四個條件的東西，那就是：微笑服務。

這一經營策略使希爾頓大獲成功，他每天對服務員說的第一句話就是「你對顧客微笑了沒有？」即使是在最困難的經濟蕭條時期，他也經常提醒職員們記住：「萬萬不可把我們心裡的憂愁擺在臉上，無論旅館本身遭受的困難如何，希爾頓旅館服務員臉上的微笑永遠是屬於旅客的陽光。」就這樣，他們度過了最艱難的經濟蕭條時期，迎來了希爾頓旅館業的黃金時代。

經營旅館業如此，其他行業又何嘗不是呢？生活中遇到的一切煩惱，又何嘗不能用你的微笑化解呢？

微笑是一種令人愉悅的表情，是一種含義深遠的體態語，在公關活動中有很重要的作用。微笑可以大大的縮短人與人之間的心理距離，迅速增進親近感。生活裡，不管是和相識的與不相識的人在一起，不管是去找人辦一件事，還是想結識一位新夥伴，一個熱情的微笑，都會像一縷霞光，給人以溫暖，使人感到輕鬆愉快；而冷漠的、古板的態度，只會讓人感到難堪，產生被人拒之於門外的隔閡心理。

所以，不論你現在從事什麼工作，在什麼地方，也不論你目前遇到了多麼嚴重的困境，甚至你的人生遭遇了前所未有的打擊，用你的微笑去面對它們，面對一切，那麼一切都會在你的微笑前低頭。

- **智慧經：**

微笑豐盛了那些接受的人，而又不會使那些給予的人貧瘠。

微笑在家中創造了快樂，在商業界建立了好感，而且是朋友間的口令。

微笑是疲倦著的休息，沮喪者的白天，悲傷者的陽光，又是大自然的最佳良藥。

沒有人富得不需要微笑，也沒有人窮得不會因為微笑而富裕起來。

4　獨木不秀，獨枝不春

蜘蛛多生活在屋簷下或草木中。牠肛門尖端的突起能分泌黏液，這種黏液一遇空氣即可凝成很細的絲。蜘蛛以昆蟲為食，牠常在不易被破壞的旮旯、樹梢、草叢以及昆蟲時常出沒的地方結出一個八卦形的網。比如金園蛛的體型較大，牠的網黏性極強，連重量輕一些的鳥都會被牠的網黏住。平時，儘管蜘蛛不在網上，但網上的細絲總有一根連通著蜘蛛休息的地方，昆蟲只要一觸網，蜘蛛就會獲得資訊。

蜘蛛是透過牠織的網來獲得資訊的，那麼人是如何獲得自己想要的資訊的呢？如果你還沒有想好確切的答案，不如像蜘蛛一樣結網。

人是群居動物，人的成功只能來自於他所處的人群及所在的社會，只有在這個社會中遊刃有餘、八面玲瓏，才可為事業的成功開拓寬廣的道路，沒有非凡的社交能力，免不了處處碰壁。這就展現了一個鐵血定律：人脈就是錢脈！所以，你要想成功，就一定要營造一個適於成功的人際關係網，包括家庭關係和工作關係，這是做人的手腕。

李明是美國一家大公司的職員，做的是初級會計的工作。在公司內部機構幾經調整後，他感到對各方面的工作都能應付自如了。他希望能從西部調到佛羅里達州去，以便擁有更好的前途。

不過，他與那個州的各家公司都沒有任何聯繫，所以只能透過寫信和職業介紹所來和他所知道的一些公司聯繫。但是，他並未獲得滿意的結果。

於是，李明決定透過關係網來辦這件事。他動腦筋搜尋了一下自己所能利用的各種關係後，列出了一個分類表。從這個分類表中，他選出可能幫忙的一些關係。

然後，他記下了這些人，他們直接或間接的同他想去的佛羅里達州都有聯繫，並且同會計公司有關。

最後，他又進一步考慮，這些人中哪些人同會計公司的聯繫更加密切？他最終選中了兩個人：一個是他的老闆史密斯先生；另一個是他妹妹的好朋友布克。

李明下一步的行動，也是最重要的一步，就是想辦法讓自己的對象，首先獲得自己的幫助。一旦做到這一步，那麼對方就會以報答的方法來幫自己實現願望。

李明透過妹妹得知，布克對參加一個女大學生聯誼會很感興趣。於是，他就找到了自己的一位好朋友富蘭特，因為這位好友的妹妹埃莉絲正是這個聯誼會的成員。

李明結識了埃莉絲，透過埃莉絲的介紹，布克見到了聯誼會的主席，並順利成為該會的委員。

布克為此專門舉行了一個慶祝晚會，並在晚會上把李明介紹給了她的父親。儘管她父親同在佛羅里達州的任何公司都沒有直接聯繫，但作為律師，他在那裡的律師圈子裡是很有聲望的。

不久之後，透過布克父親的一位朋友的幫助，李明找到了佛羅里達州一家職業介紹所的總經理。在那位總經理的熱情推薦下，李明終於如願以償，不僅順利調到了佛羅里達州，而且得到了一個十分滿意的職位。

從以上這個事例可以發現，我們應該廣泛與各種各樣的人交往，並充分發現和發揮每個人的特殊價值，使不同的人際關係都能給自己帶來幫助。

人際關係之所以影響力巨大，很重要的一點在於它可以避免個人價值在人力市場中處於被人「待價而沽」的尷尬劣勢，提高個人做選擇的決定權。有調查資料顯示，在職場中工作超過五年以上而需要換工作的人中，依靠人脈資源調動工作的超過了百分之七十。

有句古話，叫做「家和萬事興」。你與配偶的關係如何，決定了你與子女的關係，而家庭關係給我們與別人的關係定下一樣的模式。同樣，我們與同事、上司及雇員的關係是我們的事業成敗的重要原因。一個沒有良好的人際關係的人，即使再有知識，再有技能，那也得不到施展的空間。

一般來說，人脈資源更為重要了，如果你想獲得事業的成功，儘早建立自己的人脈資源網吧。如果你的人脈上有達官貴人，下有平民百姓，而且，當你有喜樂尊榮時，有人為你搖旗吶喊，鼓掌喝采；當你有事需要幫忙時，有人為你鋪石開路，兩肋插刀，你就能感到人脈的力量！專業知識在一個人成功中的作用只占百分之十五，而其餘的百分之八十五則取決於人際關係。興衰成敗源於人脈。

廣結人緣，其實就是在給自己製造良好的人際關係網。不管什麼人，只要在社會中生存，就離不開與別人交往合作。

張平在一家大公司做銷售經理，兩年後他辭了職，提出的唯一請求是：「允許他繼續使用公司配備的手機號碼。」「在這家公司工作兩年，人脈是我唯一的資源。如果換了手機號，原來的朋友、客戶很可能找不到我，那我就真是一無所有了。」張平這樣說。

多年來，張平以「人脈」和政府關係為資源，為地方政府招商引資，贏得豐厚的回報。

張平辭職後，搖身一變成為某一個工業園的高級顧問，月薪二十萬。他的目的當然不在於此，所謂顧問，其實就是向那些有興趣到這個工業園投資的店家宣傳，介紹合適的項目，最終說服其在工業園區投資設廠，並為他們爭取盡可能優惠的條件，從而賺取不菲的佣金。

在這家公司工作的第一年，張平就結交了很多企業老闆和政府要員，他和該市的一位副市長的交情就是從那裡開始的。

張平的經歷相對簡單，這在政府眼裡無疑是一個很好的政治保障。漸漸的，張平成了有名的「熱心腸」，經常有新到的廠商「慕名」找上門來，這當然會消耗他一些時間和金錢，但他說：「對於我這種靠人脈吃飯的人，這是必要的投資。」

短時間內，張平就為工業園區陸續引進了幾個大專案投資。後來，他還同時兼任附近幾個工業區的顧問。他名片上的顧問頭銜每增加一個，收入就成長一倍。

在一份領導能力調查問卷上的結果顯示：

(1)管理人員的時間平均有四分之三花在處理人際關係上；

(2)大部分公司的最大開支用在人力資源上；

(3)管理的所定計畫能否執行與執行成敗，關鍵在於人；

擁有好的人脈關係是現代生活不可缺少的部分，多了一層人際關係，路便會越拓越寬。但是人緣不是鳥兒，不會自己飛來。要建立一個好人緣，撐起一張人際關係網，你必須積極主動。光有想法是不夠的，必須將它化為行動。

每個人都有獨特的優點。所以，在構建人際關係網時，一定不能太單一，也不要完全局限於自己的同行或具有共同愛好與興趣的人中間。最關鍵的是要能做到優勢互補，既能使自己的優勢為其他人提供必要的幫助，也能使其他人的優勢對自己發生作用和影響。

商界有句名言說：「一流人才最注重人緣。」其實這句話倒過來應該說：「最注重人緣的人，才能成為一流人才。」確實，人緣是很微妙的東西。我們平時的一舉一動，所接觸的大小人物都很可能影響到以後的工作。假如你能和許多人建立良好的人際關係，使他們成為在事業上幫助你的朋友，在生意上照顧你的顧客，這樣一來，相信你的事業也一定非常成功。

• **智慧經：**

俗話說：「一個籬笆三個樁，一個好漢三個幫。」

一個人本事再大，也不能完成所有的工作。

要獲得事業的大發展，更需要依靠別人的幫助。

5　學會同理心

善解人意，顧名思義就是很能體諒人，很能體貼人、學會同理心。

善解人意，不應僅從文字上作善於揣摩人的心意去理解。其「善解」的「善」，也不能僅作「善於」解釋。它還應包含善心、善良的願望這層意思。善解人意，首先要與人為善，善待他人，而後才能理解人、諒解人、體察人，展現你人格的魅力。

當我還是個喜歡赤腳到處亂跑的小男孩時，我讀了一則《伊索寓言》，講的是太陽和風的故事。一天，太陽與風正在爭論誰比較強壯，風說：「當然是我。你看下面那位穿著外套的老人，我打賭，我可以比你更快的叫他脫下外套。」

說著，風便用力對著老人吹，希望把老人的外套吹下來。但是它越吹，老人越把外套裹得更緊。

後來，風吹累了，太陽便從後面走出來，暖洋洋的照在老人身上。沒多久，老人便開始擦汗，並且把外套脫下。太陽於是對風說道：「溫和、友善永遠強偏激烈與狂暴。」

伊索是個希臘奴隸，比耶穌誕生還早六百年，但是他教給我們許多有關人性的真理。使我們知道，現在，溫和、友善和讚賞的態度也更能教人改變心意，這是咆哮和猛烈攻擊所難以奏效的。

生活中有時會發生這種情形：對方或許完全錯了，但他仍然不以為然。在這種情況下，不要指責他人，因為這是愚人的做法。你應該了解他，而只有聰明、寬容、特殊的人才會這樣去做。

對方為什麼會有那樣的思想和行為，其中自有一定的原因。探尋出其中隱藏的原因來，你便得到了了解他人行動或人格的鑰匙。而要找到這種鑰匙，就必須誠實的將你自己放在他的地位上。

假如你對自己說：「如果我處在他當時的困難中，我將有何感受，有何反應？」這樣你就可省去許多時間與煩惱，也可以增加許多處理人際關係的技巧和手腕。

人的善解人意有兩種：其一，什麼也不在意，這是對大眾的，是給大家空間，給自己空氣的明智做法。其二，是對自己在意的人或者事，因為用心，因為在意，而去設身處地的考慮，給別人自由，給自己枷鎖。

和珅是屬於第二種的，他非常「善解高宗（乾隆）意」，並且常出奇招，從這個角度說，和珅可謂歷史上少有的善解人意的心理大師！

清朝乾隆皇帝十分喜歡吟詩作賦，和珅早年就下功夫收集乾隆的詩作，並對其用典、詩（詞）風、喜用的詞句了解得一清二楚，閒暇時還有所唱和，令乾隆皇帝對和珅另眼相待。而像和珅這樣一個滿人，能在詩賦上有所建樹，確實不容易。清朝大文學家袁枚就曾詩誇和珅曰：「少小溫詩禮，通侯及冠軍。彎弓朱雁落，健筆李摩雲。」

在乾隆的母后去世時，和珅的表現最為出色。他不是像其他皇親國戚、官宦臣下那樣一味勸皇上節哀，或說一些不關痛癢的話，和珅只是默默陪著乾隆跪泣落淚，不思寢食，幾天下來人就搞得面無血色，形容枯槁。如此能與皇帝同感共情的人，朝中只有和珅一人！因此也深受乾隆皇帝寵信。

還一次乾隆出遊，途中忽命停轎卻不言為何，別人都很著急。和珅聞知後，立即找到一個瓦盆遞進轎中，結果甚合上意，溺畢繼續起駕。一路上，人們都佩服和珅腦子靈，取悅龍心有術。另據史書：「高宗（指乾隆）若有咳唾，和珅以溺器進之。」乾隆是一個非常詼諧的人，喜歡與臣下開玩笑。據此，和珅經常給乾隆講一些市井的俚語笑話，令皇帝龍心大悅，這不是一般軍機大臣所能做到的。

凡此種種，都是和珅的過人之處。他對乾隆皇帝的脾氣、愛好、生活習慣、思考方法瞭若指掌，可以充分做到想乾隆之所想，為乾隆之所為，這與一般的曲意迎奉、阿諛獻媚有所不同，和珅的許多迎奉行為都具有深厚的同感基礎，都是將心比心的結果，因而沒有那麼的低俗和赤裸裸，而是相當的匠心巧具。

和珅之善解上意，實達九段高手之境界！而晚年的乾隆，最欣賞和珅的一點就是他「巧於迎合，而工於顯勤」這一點。

俗話說，「善心即天堂」。只有懷抱善心的人，才能愛人，欣賞人，寬容人。他們深知，人字的結構是互相支撐，懂得相互接納、相互合作、相互融洽。尊重他人的優勢和才華，也寬容他人的脾氣和個性。對別人，完全是欣賞他美好的地方，而不去計較他的缺點，或者說與自己不合拍的地方。不能理解的時候，就試著去諒解；不能諒解，就平靜去接受。有人說：「人生最可貴的當兒便在那一撒手。」而善解人意者就很具有這種「放人一碼」的涵養功夫。

而缺少善心者，其「責人也重以周」，既很少去看他人的優勢和才華，更不願寬容他人的脾氣和個性，卻更多的去尋找他人的缺點和不足，對他人的理解很難，諒解更不易做到，他怎麼會善解人意？

遠在一九一五年的時候，小洛克菲勒還是科羅拉多州一個不起眼的人物。當時，發生了美國工業史上最激烈的罷工，並且持續達兩年之久。憤怒的礦工要求科羅拉多燃料鋼鐵公司提高薪水，小洛克菲勒正負責管理這家公司。由於群情激憤，公司的財產遭受破壞，軍隊前來鎮壓，因而造成流血，不少罷工工人被射殺。

那樣的情況，可說是民怨沸騰。小洛克菲勒後來卻贏得了罷工者的信服，他是怎麼做到的？

小洛克菲勒花了好幾個星期結交朋友，並向罷工者代表發表談話。那次的談話可稱之不朽，它不但平息了眾怒，還為他自己贏得了不少讚賞。演說的內容是這樣的：

這是我一生當中最值得紀念的日子，因為這是我第一次有幸能和這家大公司的員工代表見面，還有公司行政人員和管理人員。我可以告訴你們，我很高興站在這裡，有生之年都不會忘記這次聚會。假如這次聚會提早兩個星期舉行，那麼對你們來說，我只是個陌生人，我也只認得少數幾張面孔。由於上個星期以來，我有機會拜訪整個附近南區礦場的營地，私下和大部分代表交談過。我拜訪過你們的家庭，與你們的家人見面，因而現在我不算是陌生人，可以說是朋友了。基於這份互助的友誼，我很高興有這個機會和大家討論我們的共同利益。

由於這個會議是由資方和勞工代表所組成，承蒙你們的好意，我得以坐在這裡。雖然我並非股東或勞工，但我深感與你們關係密切。從某種意義上說，也代表了資方和勞工。

多麼出色的一番演講，這可能是化敵為友的一種最佳的藝術表現形式口假如小洛克菲勒採用的是另一種方法，與礦工們爭得面紅耳赤，用不堪入耳的話罵他們，或用話暗示錯在他們，用各種理由證明礦工的不是，你想結果如何？只會招惹更多的怨憤的暴行。

人生在世，與人為伍，許多人常歎善解我者難求。那麼，你就學著去善解他人吧。在你善解他人時，他人也將善解你。

善解人意，還在善於體察他人的心境，給人以及時雨一樣的幫助，讓溫馨、祥和、慰藉來濃化人生，溝通心靈。比如：對窘迫的人講一句解圍的話，對頹喪的人講一句鼓勵的話，對迷途的人講一句提醒的話，對自卑的人講一句振作的話，對苦痛的人講一句安慰的話……這些非物質化的精神興奮劑，既不要花什麼金錢，也不要耗多少精力，而對需要幫助的人來說，又何啻於旱天的甘霖，雪中的炭火？

• 智慧經：

善解人意，使人信服。

真誠的盡力從對方的角度看事情。

想對方之所想，急對方之所急。

6 有「禮」走遍天下

唐朝有個大臣，他派一個叫緬伯高的人去給皇帝送禮，禮物是一隻天鵝。這位老兄途經沔陽時想給天鵝洗一個澡，哪知，一不小心讓天鵝給飛跑了。送給天子的「貢品」弄丟了，豈不該有殺頭的罪過，嚇得他嚎啕大哭，越哭越傷心，傷心之後，卻想出了首打油詩：「將貢唐朝，山高路遙，沔陽湖失去天鵝，倒地哭號號，上覆唐天子，可饒緬伯高，禮輕情意重，千里送鵝毛。」據說，他後來真把鵝毛連並這首打油詩一起送給了皇帝，皇上被這個故事感動了，不但沒殺他，還拿美酒款待了他。這就便是「千里送鵝毛，禮輕情意重」的來歷了。

中華民族向來是禮儀之邦，「禮」文化也源遠流長。即使在今天，禮尚往來，也是人際交往的一項重要內容，在那或輕或重，或多或少的禮物中，我們既可以體會到人情締結的溫馨，又可以享受友好往來的歡樂。但是，有時也會因為方法不當，時機不對，禮品不妥而事與願違，反而人情未結，芥蒂又生，真是賠了夫人又折兵，有些划不來。

送禮給那些對你來說有直接利害關係的人，怎麼個送法，或什麼時候送去，這裡面大有學問。

一次，孫力開車去看朋友，心想離開朋友家的時候再把禮物從車上拿下來。於是，他空著兩手就進了朋友的家，大家寒暄一番，時近中午，朋友沒有留他的意思。孫力起身告辭，說：「我買了一些東西，放在車上，我去拿下來。」朋友一聽，馬上說：「今天中午怎麼能走呢？就在我這裡了。」朋友的妻子也立刻轉身去了廚房。

那次以後，孫力算明白了一個道理，拜訪朋友，採用兵馬未到，糧草先行的策略，先把禮物一放，不管是大是小，是多是少，只要有禮在，包準辦事一路通行。

在別人給你幫過忙之後，再將禮物送去，對方一定會認為你這樣做是理所當然的。如果你從未拜託人家幫忙，並將禮物煞有介事的送去，受禮者的想法就會大不一樣。他肯定會記著你，一旦有事相求就會竭盡全力幫你。

禮要送在用不著朋友的時候，才能盡顯威力。送禮要送在平時，要知道，好的人際關係才是求人成功的基礎。

「無事不登三寶殿」，當你有事的時候，才想起某某朋友可幫上忙，往往會犯大禮不解近憂的錯誤。即使你想提上大包小包的東西，人家也未必會給你這個方便。朋友維繫關係，功在平時，這樣，朋友之間才可能有求必應。常常有這樣的說法：「你瞧這人，用得著的時候才想起我。」說的就是平時不送禮，有事求人了再去送禮。

有一個經理，退休前，每到年底，禮物、賀卡就像雪片一般飛來。可退休以後，往年訪客不斷，這時卻寥寥無幾了，更沒有人給他送禮了。正在他心情寂寞的時候，以前的一位下屬帶著禮物來看他，在他任職期間，並不很重視這位職員，可是來拜訪的竟是這個人，不覺使他感動得熱淚盈眶。過了兩三年，這位經理被原來的公司聘為顧問，當然很自然的重用提拔這個職員。因為他在經理失勢的時候登門拜訪送上了自己的禮物和心意，因此，在經理心中留下了很深刻的印象。同時，讓他產生了「有朝一日，一旦有機會，我一定得好好回報他的想法。」

常言說得好，「情願雪中送炭，不要錦上添花」，意思是說當別人處於困境當中，你伸出援助之手，不啻於冰雪天給飢寒交迫的人送去一簍炭，及時而又必須，會使受禮人終身難忘。而如果別人什麼都不缺，你送的東西，其有效價值就要大打折扣了。

送禮之所以稱為藝術，關鍵是一個「送」字。這是整個禮物饋贈的最後一環，送得好，方法得當，會皆大歡喜，境界全出。送得不好，受禮者不願接受，或嚴辭拒絕，或婉言推卻，或事後退回，都令送禮者十分尷尬。所以，只有巧妙掌握送禮的技巧，才能把整個送禮過程劃上一個漂亮的句號。

清朝中堂大人李鴻章夫人五十歲生辰快到了，滿朝文武大臣忙得不亦樂乎，都準備前往祝壽。消息傳到合肥知縣那裡，知縣也想前去送禮，因為李鴻章是合肥人，又是朝中寵臣。可是細一想，知縣又煩惱了：我這七品芝麻官能送多少禮？少了，等於不送；多了，又送不起。想來想去拿不定主意，於是請來師爺商量。師爺說：「這事容易，一兩銀子也不用，還保你的禮品最為注目，包準中堂大人喜歡，列於他人禮品之上。」

知縣聽說一兩銀子也不用了，自然高興，可想天下哪有這般好事，便問：「送什麼東西」？

師爺回答：「也就是一幅普通的壽聯。」

知縣聽完直搖頭，表示難以相信，師爺連忙說：「不要懷疑，送禮之後，包你從此飛黃騰達，不過這壽聯必須由我來寫，你親自送上，請中堂大人過目，不能疏忽。」知縣滿口答應。

第二天知縣帶著師爺寫好的壽聯上了路。他晝夜兼程趕到京城。等著祝壽之日，他通報姓名來到李鴻章面前，朝他一跪說：「卑職合肥知縣，受人之託，前來給夫人祝壽！」

李鴻章隨口應了一聲叫他站起來，知縣忙拿出壽聯，將上聯先打開，李鴻章一看是：

「三月庚辰之前五十大壽」

李鴻章心想：夫人二月過生日，他寫了「三月庚辰之前」，還算聰明。正想著，知縣又「嘩啦」一聲打開了下聯，李鴻章一見，忙雙膝跪地。原來下聯寫著：

「兩宮太后以下一品夫人」

李鴻章見「兩宮」字樣，不由的跪了下來，「兩宮」是指當時的慈安、慈禧。於是他命家人擺香案，將此聯掛在《麻姑上壽圖》兩邊。

這副壽聯，深得李鴻章的賞識。這位知縣自然也因此而官運亨通，飛黃騰達了。

一件付出你大量心血、閃爍你誠心的禮品，會使人產生意外的感激之情，其效果即使是最昂貴的珠寶也無法比擬。

送禮送到心坎裡，說到底也就是對症下藥，在堅持原則的前提下投其所好。正如送禮，要送得合適，其中一條重要的原則就是要對方喜歡。這是講究人情的社會，很多事情靠公事公辦往往辦不成。因此，溝通就成了辦事的必要環節，要想有個良好的溝通就應該有所行動，而送禮就是這種行動的最佳表現。同樣的辦事，有的人送禮就能把事情辦成，有的人送禮就沒有什麼效果。可見，送禮也是一個學問。

- **智慧經：**

「禮」在社會生活和人際交往中達到了良好的潤滑作用。

「送禮」是做好關係、請人辦事的手腕。

7　像磁鐵一樣吸引人

有人說他：才華橫溢，出類拔萃。

有人說他：活的很明白，任何挫折和困難都難不到他。

有人說他：很有人格魅力，有足夠的吸引力，是一個令人崇拜的老大。

有魅力者最容易成功。這道理也是再簡單不過了，有魅力的人，他的一舉一動都有著神奇的吸引力，就像一塊磁鐵一樣，有一種征服人心的力量。

個人的人格魅力同他的智力、受教育程度一樣，是與他的前途息息相關的。在實際生活中，我們常常發現這樣的情況：許多能力平平，但相貌堂堂，舉止優雅的人，比起那些聰明而博學的人來，能獲得更快的提升，有時甚至於把那些頭腦聰明的人遠遠的抛在了後面。

魅力並不是與生俱來的，而是在生活環境中塑造出來的。也就是說先知道魅力的來源，再去塑造自己的魅力，而這些魅力往往是透過日常月久，一點一滴累積而成的。因此你的特色越來越多，魅力也就隨之而產生了，而這種魅力就蘊藏在你平常的做人和做事的原則之中。

有一位女施主，家境非常富裕，不論其財富、地位、能力、權力，及漂亮的外表，都沒有人能夠比得上，但她卻鬱鬱寡歡，連個談心的人也沒有，於是她就去請教悟靜禪師，如何才能具有魅力，以贏得別人的歡喜。

悟靜禪師告訴她道：「你能隨時隨地和各種人合作，並具有和佛一樣的慈悲胸懷，講些禪話，聽些禪音，做些禪事，用些禪心，那你就能成為有魅力的人。」

女施主聽後，問道：「禪話怎麼講呢？」

悟靜禪師道：「禪話，就是說歡喜的話，說真實的話，說謙虛的話，說利人的話。」

女施主又問道：「禪音怎麼聽呢？」

悟靜禪師道：「禪音就是化一切音聲為微妙的音聲，把辱罵的音聲轉為慈悲的音聲，把毀謗的聲音轉為幫助的音聲，哭聲鬧聲，粗聲醜聲，你都能不介意，那就是禪音了。」

女施主再問道：「禪事怎麼做呢？」

悟靜禪師：「禪事就是布施的事，慈善的事，服務的事，合乎佛法的事。」

女施主更進一步問道：「禪心是什麼用呢？」

悟靜禪師道：「禪心就是你我一如的心，聖凡一致的心，包容一切的心，普利一切的心。」

女施主聽後，一改從前的驕氣，在人前不再誇耀自己的財富，不再自恃自我的美麗，對人總謙恭有禮，對眷屬尤能體恤關懷，不久就被誇為「最具魅力的施主」。

人的個性是千差萬別的，這一方面是受遺傳因素的支配，另一方面是生活環境和個人修養使然。可是，這並不意味著一個人對自己的個性就完全無能為力了。相反，為了提升自己的人生品質，我們應該積極克服那些對自己不利的性格因素，尋找能為自己的個人魅力加分的良方。

拿破崙．希爾指出：「有魅力的人，人人都愛和他交友；和有魅力的人相處總是愉快的。他好像雨天的太陽，能驅除昏暗。人人都樂於為他做事，他也能要一個人做別人連做夢都想不到他肯他的事。一個人能否成功與他的個人魅力有密切的關係。那些能夠成功創造財富的人往往擁有能招財進寶的個性。良好的個人魅力是一種神奇的天賦，就連最冷酷無情的人都能受到他的感染。」

魅力的基礎是去吸引和你相同的人，而且大部分的時間裡，你就是你自己想像的樣子。每一個人都是一塊人體磁鐵，在人生經驗中，吸引或排斥、相似或相異。吸引力法則揭露了人生基礎法則之一——人生是發自於你內心的存在，而不是由外在物質來證明的。無論你渴求的人生經驗是如何，只有在你最深處有感覺的時候，你的夢想才會實現，你才感覺到你值得。當你渴望的結果和你的目標和諧時，你的渴望才會產生最大有影響力。

個人魅力是一種神奇的做人手腕，它能讓一個才能平平的男人得到令人垂涎的職位，能讓一個外表平凡的女子煥發動人的光彩。那些法國沙龍裡的女主人通常都不是很年輕了，但她們的個人魅力卻能使頭戴金冠的國王相形見絀。在很多場合下，當人們的談話陷入僵局之時，這種聰慧的女子能輕而易舉的使整個局面得以改觀。也許她們並不美麗，也並不年輕，但她們能將每個人的目光都吸引過來，成為大家追捧的對象。

那麼如何讓自己擁有像磁鐵一樣的魅力呢？

(1)新知與新觀念、造夢者、危機意識

知識面豐富，對新事物、新觀念容易接受，能摸索、發現、掌握事物發展的內在規律，對事物的發展有辨析和預知能力。既是個造夢人，鼓動家，給下屬描繪美好的發展前景，激勵下屬奮發努力，又能在事業發展的高峰時，居安思危，保持清醒的頭腦。

(2)自制力強，喜怒不形於色

作為領導者，應該不同於一般的人，應有很強的自制力，不應輕易的流露喜怒哀樂。如果領導者的喜怒哀樂隨時顯現，下屬就會看上司的臉色行事，換句話說：如果一個公司財務陷入困境，即使領導者已經在疲於奔命，此時，絕對不可形於色，讓下屬看出來，不然後果不堪設想。領導者的鎮靜可使下屬敬佩，也可使下屬不失其做事的本意。

(3)革新和創新意識

大多數人害怕改變，有的人認為以不變應萬變就是最佳、最安全的企業策略。但是，環境在變，時間也在變，做同樣的事情，不同的時間，結果完全不同。因此，要有革新和創新的意識，勝利者是不怕改變的。

(4) 開拓者的寬大胸襟

強有力的號召力和親和力；善用影響力，高超的協調談判能力。

人無完人，以上特質要在一個人身上全面展現出來，可以說有相當的難度。一個企業的領導人的產生有多種可能，或是在商海拼搏，白手起家的創業型；或是精於經營，善於理財的職業型；或是投機鑽營，流須拍馬的投機型，以及其他各種類型。

在現實生活中我們不難發現，有些人似乎特別幸運，他們的成功比常人來得容易，而他們付出得卻比別人少很多！然而，只要我們對這些「幸運兒」稍加分析就會發現，這完全是因為他們具有某種能吸引人的品質，同時也正是由於這種出色的人格魅力，使他們把別人牢牢的吸引在了自己身邊。

如果你想成為一個具有重大影響力的人，先做一個有魅力的人吧。魅力是哲學家的鍊金石，擁有它的人，可以把生活中所有普通金礦煉成純金。如果沒有魅力，你就什麼也沒有，可能只是些肌肉、骨頭及毛髮的組合而已，算算價值，恐怕不到二十五美元。魅力這種東西不是你所能乞討、偷竊或買來的，你只能逐步培養，而且用你自己的思想和行為把它建立起來，此外別無他法。經由自我暗示的協助，任何人都可以建立起一種迷人的魅力，不管他過去的歷史如何。我還希望強調一點，所有擁有魅力的人，都會擁有足夠的個性與熱忱，將其他擁有無限魅力的人吸引到他們身邊來。

• 智慧經：

想成功，先做個有魅力的人。

培養超強的個人魅力。

魅力像磁鐵一樣吸引人。

成為有魅力的人。

8　背後讚美更有效

在我們的職場工作環境當中，常有一些同事聚在一起，喜歡談論的就是那些不在場同事的是非。一提到這些道人長短、論人隱私的話題，大家就顯得興致勃勃，現場的氣氛也隨之熱烈起來。但是，這種無聊的話題卻是一點也不值得聲張。不論你說的話題有沒有惡意，到最後都會變成讓人不舒服的壞話。

而且，這種搬弄是非、道人長短的話很容易傳到對方耳中。即使聽到這些話的人並非故意的去傳播，但還是會直接或間接的傳人當事人耳中，而且往往已被添油加醋，不堪入耳，這正是所謂的「好事不出門，壞事傳千里」。

曾經看過這樣一個相聲，說是馬季先生在家生了一個雞蛋，一會兒就傳成了他生了一個鴨蛋，而且還是鹹鴨蛋，一會兒又傳成了他生下一個鵝蛋，最後傳成了馬季先生生了一個恐龍蛋。足可見人言可畏，捕風捉影的可怕，當初說話的人的初衷，往往在傳話的過程中就變了味，變了性，說不定正話就成了反話了。記得最清楚的就是朋友曾告訴我的一件事情：他為了考驗是不是某個人喜歡向主管打小報告，某日上午特特的和這個人說了一件任何人都不知道的事情，下午他專門去主管的辦公室轉，結果，主管就問他上午是不是說什麼了。可見傳話之快、傳話之速了，特別是為了防止自己曾說的話在傳中變味，必須選用最優美的詞語來描繪第三者的優點，切忌提一點缺點和不滿也。在人背後是必須說好話的，至於那些偶爾的「不好」之話，即便是很公正的話，也要留著，自己悄悄的說給自己的心去聽了。

人們都討厭背後說別人壞話的小人，一方面是背後說壞話，會有中傷別人的感覺，另一方面，人們會覺得背後的評價更能展現那個人內心的真實想法。因此，當他知道一個人在背後讚美自己的時候，他也會感覺你真的是這樣想的，會更加的高興。不要擔心你在別人面前說另一個人好話，那些好話當事者不會聽見，這世界沒有不透風的牆，就算讚美傳不到他本人耳朵裡，別人也會因為你在背後誇獎人而更加敬重你。

每個人都有虛榮心，喜歡聽好話。來自社會或者他人的讚美能使一個人的自尊心自信心得到極大的滿足。當他的榮譽感得到滿足時，他會情不自禁的得到鼓舞和愉快，從而從心裡對你感到親切，縮小了你們的心理差距。如此一來，你們溝通交流起來，會有事半功倍的效果。不知不覺間，你就會擁有一個良好的人緣。

《紅樓夢》中有這麼一段：

史湘雲、薛寶釵勸賈寶玉作官為宦，賈寶玉大為反感，對著史湘雲和襲人讚美林黛玉說：「林姑娘從來沒有說過這些混帳話！要是她說這些混帳話，我早和她生分了。」

湊巧這時黛玉正來到窗外，無意中聽見賈寶玉說自己的好話，「不覺又驚又喜，又悲又是歎。」結果寶黛兩人互訴肺腑，感情大增。

因為在林黛玉看來，寶玉在湘雲、寶釵、自己三人中只讚美自己，而且不知道自己會聽到，這種好話就不但是難得的，還是無意的。倘若寶玉當著黛玉的面說這番話，好猜疑、小性子的林黛玉怕還會說寶玉打趣她或想討好她呢。

人是社會的主體，想在其中立足，首先要做好的就是處理協調好人與人之間的關係。問題很簡單實際，簡單到只是人與人之間在生活中的交往而已。可它卻又是個涉及到無數個細節的繁瑣問題。任何一點出了紕漏，可能都會影響到你和他人的交往，簡單點說，就是你會有一個不好的人緣。

「前」與「後」的關係構成一個整體。所謂「思前想後」講的就是這個道理。人生也有「前台」與「後台」，即如何處理好人前與人後的關係，往往影響很大。

喜歡聽好話是人的一種天性。當來自社會、他人的讚美使其自豪心、榮譽感得到滿足時，人們便會情不自禁的感到愉悅和鼓舞，並對說話者產生親切感，這時彼此之間的心理距離就會讚美而縮短、靠近，自然就為交際的成功創造了必要的條件。

德國的鐵血宰相俾斯麥，為了拉攏一個敵視他的議員，便有計畫在別人面前讚美這位議員，他知道那些人聽了之後，肯定會把他的話傳給那個議員。後來，倆人成了無話不說的政治盟友。

事實上，在我們的周圍，可把這種方法派上用場之處不勝枚舉。例如：一個員工，在與同事們午體閒談時，順便說了上司的幾句好話，「我們的上司很不錯，辦事公正，對我的幫助尤其大，能為這樣的人做事，真是一種幸運。」當這幾句話傳到他的上司的耳朵裡去了，這免不了讓上司的心裡有些欣慰和感激。而同時，這個員工的形象也上升了。

不要小看這些細節，生活就是由無數個細節組成的。生活沒有多少轟轟烈烈被載入史冊的事情等著我們，我們要做的只是細節，一個又一個。現在，我們要注意的一個細節是，堅持在背後說別人好話，別擔心這好話傳不到當事人的耳朵裡。

對一個人說別人的好話時，當面說和背後說是不同的，效果也不會一樣。你當面說，人家會以為你不過是奉承他，討好他。當你的好話在背後說時，人家認為你是出於真誠的，是真心說他的好話，人家才會領你的情，並感謝你。假如你當著上司和同事的面說我上司的好話，你的同事們會說你是討好上司，拍上司的馬屁，而容易招致周圍同事的輕蔑。另外，這種正面的歌功頌德，所產生的效果反而很小，甚至有反效果的危險。你的上司臉上可能也掛不住，會說你不真誠。與其如此，倒不如在公司其他部門，上司不在場時，大力的「吹捧一番」。這些好話終有一天會傳到上司的耳中的。

堅持在別人背後說好話，對你的人緣會有意想不到的影響。背後說好話，這樣就可以人人不得罪，左右逢緣，你好我好大家好了。

- **智慧經：**

堅持在背後說別人的好話。

背後讚美更有好人緣。

背後的讚美傳到他耳朵裡，他對你的好感定會直線上升。

9　雪中送炭勝過錦上添花

在日常生活中，每個人都不可能不有求於人，也不可能沒有助人之時。當你打算幫助別人的時候，請記住一條規則：救人一定要救急。其中的道理很簡單：如果他人有求於你了，這說明他正等待著有人來相助，如果你已經應允了，那就必須及時相助。如果他人沒有應急之事，也不會向你求助，因為一般人都不願求人。可是事情到了緊要關頭，不求人就毫無辦法，甚至會失去生存能力，那怎麼辦呢？一旦你答應幫助他人，他心存感激之餘當然會把希望完全寄託在你的身上，如果你最後幫得不及時或者沒有去幫，那只能適得其反，你反而會遭到怨恨。

對身處困境中的人僅僅有同情之心是不夠的，應給以具體的幫助，使其渡過難關，這種雪中送炭，分憂解難的行為最易引起對方的感激之情，進而形成友情。

一個老鄉做生意賠了本，他向幾位朋友借錢，都遭回絕。後來他向一位平時交往不多的鄉民伸出求援之手，在他說明情況之後，對方毫不猶豫借錢給他，使他渡過難關，他從內心裡感激。後來，他發達了，依然不忘這一借錢的交情，常常給對方以特別的關照。

雪中送炭之人總是給人留下特殊的好感。王先生這樣說：「我有一位朋友，我每次需要幫助的時候，他一定出現。例如：我有急事需要用車或上班遲到時需要用車，只要我打個電話，他一定到，可以說有求必應。事情一過去，我們又各忙各的。到過年過節的時候，我總是忘不了給他寄一張賀卡，打電話給他拜個年。」

人生在世，沒有一帆風順的，總會遇到許多的艱難與困苦。當你遇到斷崖險阻時，你需要的是你架橋搭梯，雪中送炭的人。在這時幫助你的人，才是你真正的朋友。

雪中送炭、錦上添花都可落得人情，但兩者之價值卻有天壤之別。在生活中，很多人總是在別人不是很需要的時候拉上一把，以便使之錦上添花。但往往沒想到，其實，錦上添花，不如雪中送炭。雪中送炭可以把人拉出火坑，走出困境。也猶如你即將渴死在沙漠中，別人給你一口救命甘泉一樣。但就內心感受來說，給瀕臨餓死的人送一個饅頭和富貴的人送一座金山，是完全不一樣的。當他人口乾舌燥之時，你奉上一杯清水，這勝過九天甘露。如果大雨過後，天氣放晴，再送給他人雨傘，這已沒有絲毫意義了；如果人家喝醉了，再給人敬酒，這未免太過於虛情假意了。我們在幫助別人時一定要注意這些。

周瑜在三國爭霸之前並不得意。他曾在軍閥袁術手下做官，被袁術任命當過一個小小的居巢長，只是一個小縣的縣令。

當時地方上發生了飢荒，莊稼的收成也不好，兵亂間又損失不少，糧食問題日漸嚴峻起來。當地的百姓沒有糧食吃，就吃樹皮、草根，活活餓死了不少人，軍隊也餓得失去了戰鬥力。周瑜作為當地的父母官，看到這悲慘情形急得心慌意亂，但是卻沒有解決的辦法。

正當周瑜不知道如何是好的時候，有人獻計說附近有個樂善好施的財主魯肅，他家非常富裕，一定囤積了不少糧食，不如去向他借些糧食度過難關。

於是，周瑜立刻帶上人馬登門拜訪魯肅，見面寒暄幾句之後，周瑜就直接說：「不瞞老兄，小弟此次造訪，是想借點糧食。」

魯肅仔細打量了一下周瑜，見他豐神俊朗，顯而易見是個才子，日後必成大器，他根本不在乎周瑜現在只是個小小的居巢長，哈哈大笑說：「此乃區區小事，我答應就是。」魯肅親自帶周瑜去查看糧倉，這時魯家存有兩倉糧食，每倉三千擔，魯肅痛快的說：「也別提什麼借不借的，我把其中一倉糧食送與你好了。」周瑜及其手下一聽他如此慷慨大方，都愣住了，要知道，在那個兵荒馬亂的年代，糧食就等於生命。周瑜被魯肅的言行深深感動了，兩人立刻就交上了朋友。

後來周瑜發達了，在孫權帳下做了將軍，他仍不忘魯肅的恩德，將他推薦給孫權，魯肅終於得到了施展才能的機會。

魯肅在周瑜最需要糧食的時候送給了他一倉，這就是所謂的雪中送炭。當人碰到失利受挫或面臨困境的情況時，這時候最需要的就是別人的幫忙，這種雪中送炭般的幫助會讓他人記憶一生。

在第一次世界大戰結束時，德皇威廉一世可算得上全世界最可憐的一個人，可謂眾叛親離。他只好逃到荷蘭去保命，許多人對他恨之入骨。可是在這時候，有個小男孩寫了一封簡短但流露真情的信，表達他對德皇的敬仰。這個小男孩在信中說，不管別人怎麼想，他將永遠尊敬他為皇帝。德皇深深為這封信所感動，於是邀請他到皇宮來。這個小男孩接受了邀請，由他母親帶著一同前往，他的母親後來嫁給了德皇。

人們總是可以敏感的覺察到自己的苦處，卻對別人的痛處缺乏了解。他們不了解別人的需要，更不會花言巧語夫去了解：有的甚至知道了也佯裝不知，大概是沒有切身之苦、切膚之痛吧。

小郝在某企業擔任打字工作。一天中午，一位董事走進辦公室，向辦公室裡的小姐們問道：「上午拜託你們打的那個檔案在哪裡？」可是當時正值吃午餐時間，誰也不知道那個檔案放在哪裡，因此誰也沒有理睬他，這時，小郝對他說：「這個檔案的事我雖然不知道，但是，譚先生，這件事交給我去辦吧，我會儘早送到您的辦公室的。」當小郝把打好的檔送給董事時，董事非常高興。

幾週之後，小郝高興的向她的同事宣布：她升遷了。顯然，小郝的熱心和辦事俐落獲得了董事的讚賞，董事在董事會上對她大力推薦。

有時候不用很費力的幫別人一把，別人也會牢記在心，投之木瓜，報以桃李。

在人際交往中，雪中送炭也應掌握一些方法和技巧，這樣，才能使你的碳送的更及時。下面的幾點建議或許對你會有幫助：

（1）飲足井水者，往往會離井而去，所以你應該適度的控制，讓他總是有點渴，以便使其對你產生依賴感。一旦他對你失去依賴心，或許就不再對你畢恭畢敬了。

（2）老闆刺激下屬享受的欲望又不去全部滿足，而是一次一點，循序漸進，以使其保持幹勁、繼續努力。

（3）對人的恩情過重，會使對方自卑乃至討厭你，因為他一來無法報答；二來感到自己的無能，會產生消極的情緒。

・**智慧經：**

救人一定要救急。

投之木瓜，報以桃李。

人們對雪中送炭之人總是懷有特殊的好感。

10 面對錯誤，知錯就該

美國有一個失敗產品博物館，展出八萬多件不受消費者歡迎的產品，這些或因品質低劣，或因價格昂貴、或因款式不新、或因品牌不響而被消費者冷落、拋棄。令人感動的是，生產失敗產品廠商的總裁，總是滿臉虔誠的面對「上帝」，向參觀者徵詢投訴意見、建議和需求。據了解，美國每年推向市場的新產品有五千四百多種，而真正受消費者歡迎和青睞的僅占百分之二十，可見，出一些失敗的產品在所難免。

對企業而來說，出現一些失敗產品在所難免，問題是，面對失敗是文過飾非、遮短護短、高枕無憂？還是吸取教訓、找出病根？其實成功與失敗雖然是兩個截然相反的詞，但兩者並非是不可逾越。成功的前面可能有無數次的失敗，而失敗的後面總會有成功。害怕失敗，即等於拒絕成功。

人犯了錯誤往往有兩種態度：一種是拒不認錯，找藉口辯解推脫；另一種是坦誠承認錯誤，勇於改正，並找到解決的途徑。

有一些人，明明知道自己錯了，卻死不承認，或者直到被逼得沒有辦法的時候，才極不情願說句道歉的話。這樣的人很難取得大家的諒解。

「人非聖賢，孰能無過？」一個人再聰明、再能幹，也總有失敗犯錯誤的時候。對一個欲求達到既定目標、走向成功的人來說，正確對待自己過錯的態度應當是：過而不聞、聞過則喜、知過能改。

七月的一個下午，突然，敵人的大炮向陳將軍的隊伍開始轟擊。片刻間隱伏在山脊的石牆後面的亂軍步兵向陳將軍的軍隊開火，一排槍又一排槍。瞬間，整個山頂變成火海，成了一個殺戮的場所。在幾分鐘內，除了一個之外，所有陳將軍的旅長都被擊倒了，五千個衝鋒的士兵中有五分之四的人倒了下來。

陳將軍帶領著軍隊，作最後一次衝殺，他們躍過石牆，把軍帽放在他的刀頂上搖著，大呼：「殺啊，孩子們！」

士兵們跟著跳過牆頭挺著刺刀，與亂軍展開了一場短兵相接的戰鬥，最終陳將軍還是失敗了。

陳將軍極悲痛，極震驚，他向上級提出辭呈，要求另派「一個年富力強的人」。如果陳將軍要將慘痛失敗歸罪了別人，他可找出數十個藉口來。有些師長不勝任，馬隊到得太遲，不能協助步兵進攻，這事錯了，那事不對。

但陳將軍他沒有責備別人。當打了敗仗，帶著流血的軍隊掙扎退回陣線的時候，陳將軍只是安慰他們，並自責：「這都是我的過失」，他承認說，「我，我一個人戰敗了。」

能有幾個將領能有這樣的膽量和品格作出這樣的自責呢？

承認錯誤，擔負責任是需要勇氣的。這種勇氣根源於人們的正義感——人類的自愛，這種自愛之情是一切善良和仁慈之根本。人類的全部活動都受制於人們的道德良心。它使人們行為端正、思想高尚、信仰正確、生活美好。在良心的強烈影響下，一個人崇高而正直的品德才能發揚光大。我們應將承認錯誤、擔負責任根植於內心，讓它成為我們腦海中一種強烈的意識。在日常的生活和工作中，這種意識會讓我們表現得更加出類拔萃。

很多人犯錯誤的時候往往會找尋各式各樣的藉口，試圖逃避自己應承擔的責任，試圖安慰自己內心中的愧疚。如果你如願的做到了，那麼你很可能會第二次犯同樣的錯誤並能夠再次找到「更好的」藉口。老闆能夠信任並提拔這樣的員工嗎？當然不！我們應在一開始的時候就將尋求藉口的路堵死，勇敢面對錯誤，承擔責任。這樣你才會吸取教訓，從失敗中學習和成長。即便你老闆不是一個優秀的管理者，他也會明白：一個敢於承認錯誤、勇於承擔責任的人是值得信賴和重用的。

• **智慧經：**

承認錯誤是一個人最大的力量源泉。

敢於承認錯誤的人最值得信賴。

過而不文、聞過則喜、知過能改。

面對自己犯的錯誤，最好的辦法是坦率的承認。

第6章　巧借外力，以智取勝

《兵經百字．借字》云：「己所難措，假手於人，不必親行，坐享其利；甚至以敵借敵，借敵之借，使敵不知而終為借，使敵既知而不得不為我借，則借法巧也。」成功並不一定要硬拼，有手腕的人往往巧借他人之力，行自己之意，只要借的恰當，不費吹灰之力，就能成就偉業。

1　借他人之力為自己圖謀

狐狸是非常聰明的動物，由於牠沒有力氣，個子矮小，因此處境不利。在森林中，狐狸得不到尊敬，沒人真正把他放在眼裡。為了克服這一點，對於狐狸來說，其中的一個辦法就是說服老虎與他做朋友。透過與力大無比、令人畏敬的老虎密切交往，狐狸可以伴隨老虎左右在叢林中四處行走，而且享受給予老虎的同樣的提心吊膽的尊敬。即使老虎不在狐狸身邊，得知狐狸與老虎交往甚密，也足以保證狐狸在曠野中得以生存。假如一隻狐狸不能夠與老虎交朋友，那麼這隻狐狸就應該製造一種跟老虎密切交往的假象，小心翼翼跟在老虎的後邊，與此同時，大吹大擂他們之間有著篤深的友誼，這樣做，他便製造一種印象，即他的安危得到老虎極大的關注。

狐狸這種做法，便是典型的借光。這個狐假虎威的古代智謀，原指狐狸仗著老虎的威風嚇唬別的野獸。一般狐假虎威之謀，在世人眼中似乎不算奸詐，主要有狡猾之感，指仗著別人的威力欺壓人。這種詭計與常說的「狗仗人勢」、「拉大旗作虎皮」、「扶天子以令諸侯」、「借刀殺人」很接近。從謀略學的角度看，指陰謀家借助外力成長自己的勢力威風，達到欺壓戰勝對手的目的。

在現代社會，這種手腕已被政治、經濟、文化以及外交等領域廣泛運用，而且大有日趨擴展之勢。對於人際交往而言，它不失為一種提高自身形象，擴大自己影響的策略和技巧。

在現代社會，借力這種手腕已被政治、經濟、文化以及外交等領域廣泛運用，而且大有日趨擴展之勢。對於人際交往，它不失為一種提高自身形象，擴大自己影響的策略和技巧。

被社會承認，是人的正當追求，對社會進步也有積極意義，而借助名人提高自己的社會知名度，就是被社會所承認的方式之一。同時這也是尋找「朋友」、建立新關係的手腕，不失為做人處世的一種好方法。

許多商業廣告喜歡用名人而不惜重金，實際上就是借力策略的應用。有頭有臉的人都喜歡用的東西，普通人心理上容易認同：「我和 XX 用的是同一個品牌的。」從人類的心理上講，人們往往都傾向於這一點，認為自己找對了「路子」。因此，同樣是消費，多一層名人的光環，自然很多人願意借這個光。

商業上的成敗是由細節決定的，很多時候會出現這種情況，明知道過了這一關後，可以賺大把大把的錢，但往往就在這一關口上卡住了，這個時候如有貴人相助，接下來就一帆風順了。

有一個美國出版商，在總統身上大做文章，不僅推銷掉積壓的圖書，而且還取得了可觀的經濟效益。

一次，該出版商為倉庫裡堆積如山的圖書賣不出去而煩惱，忽然他眉頭一皺，計上心來。

過了幾天，他透過朋友送給美國總統一本樣書。後來，總統看到了這本書，只瀏覽了幾頁，便漫不經心的說：「這本書不錯。」出版商聞訊，利用總統這句話大做廣告，一個月內把積壓圖書全部賣光。

然後，又有一批圖書積壓，該出版商因嘗到了甜頭，給總統又寄了一本樣書。這一回，總統不給面子，評論說：「這本書糟透了！」於是，該出版商在廣告中大肆宣傳：「本公司有一本總統認為很糟糕的書出售！」不久，該書銷售一空。

幾個月後，該出版商又遇到了圖書積壓的難題，他像以前一樣如法炮製，寄給總統一本樣書。這一回，總統學聰明了，乾脆對他的書一言不發。於是，該出版商在廣告中寫道：「這裡有一本總統難以評價的書出售！」結果，所剩圖書轟然銷盡。

結交名人之心大部分人都有，誰不希望有個聲名顯赫的朋友：一個明星，或者隨便什麼大人物。如果能躋身於他們的行列，自己也便沾上了榮耀，在別人眼裡也就身價大增了。

翻開歷史史冊，古往今來的成功者，誰都不是一生下來就大名鼎鼎，一出山就風光耀眼，一呼百應的。他們大多數總是先隱蔽在某些大人物的後面，借他的面子來攏絡各路豪傑，借他的聲望來壯大自己的聲勢。

巧借他人的力量和威名以達到自己的目的，這是一種韜略。

借權貴名流為自己所用，只是借光的常見形式，實際上凡是能讓我們為人做事增光添彩的人、物、事、情，都是借光的範圍。那麼，在現實生活中，什麼東西是可以「借光」的呢？

你可以巧借名人，如在交談中常出現的一些身分最高的人的名字，你在別人眼裡就不同尋常；巧借聞名地點，如對有地位有身分的人常去的地方，你不要不好意思表白，這也可以作為提高你的身分和能力的資本；巧借名言，如，請社會名流為你題詞作畫，請專家教授為你著的書作序，請明星為你簽個名等等。這些做法雖然有沽名釣譽之嫌，其實這是一些人「敢為天下先」的眼光，是人的正當追求，而借助名人提高自己的社會知名度，也越來越成為被社會所承認的成名方式之一。

由此可見，一個有聲望的人即使是平淡的一個字送給了你，要比一千個普通人長篇大論的給予的讚美更有威力。

- **智慧經：**

借他人之勢，擴大自己的影響。

借他人之勢，達到自己的目的。

己所難措，假手於人。

2 貴人——生命中的拐杖

社會如同一張網，交織點都是由人組成，我們稱為人脈。貴人，就是人脈中承上啟下的交織點。沒有貴人，你的「網」就無法伸展。貴人是你的「福音」。一個人要想成功，往往離不開貴人的鼎力相助。貴人所給予我們的一次扶助、一次機會、一句話甚至一個眼神，通常都不是我們用聰明、努力或者金錢可以替代的。因此，尋找貴人，依靠貴人，常常夠縮短你的奮鬥時間，指給你成功的捷徑。借貴人之勢能使你盡快得到提拔，讓英雄有用武之地。尋覓自己的貴人，並充分挖掘其內在的潛能，會為你的一生帶來好運。

趙立平在美國的律師事務所剛開業時，連一台影印機都買不起。移民潮一浪接一浪湧進美國時，他接了許多移民的案子，常常三更半夜被喚到移民局的拘留所領人，還不時的在黑白兩道間周旋。他常開著一輛掉了漆的本田車，在小鎮間奔波，兢兢業業的做著職業律師。天長日久，他終於有了些成就。然而，天有不測風雲，一念之差，他的資產投資股票幾乎虧盡，更不巧的是，歲末年初，移民法又再次修改，移民名額減少，他的事務所頓時門庭冷落，他想不到從輝煌到倒閉幾乎是一夜之間發生的事。

這時，趙立平收到一封信，是一家公司總裁寫的：願將公司百分之三十的股權轉讓給他，並聘他為公司和其他兩家分公司的終身法人代表。他不敢相信天上真的掉下餡餅，就找上門。

總裁是個四十左右的波蘭裔中年人。

「還記得我嗎?」總裁問。趙立平搖搖頭。總裁微微一笑,從碩大的辦公桌的抽屜裡拿出一張皺巴巴的五美元匯票,上面夾著的名片印有趙立平律師事務所的位址、電話。趙立平實在想不起有這一樁事情。

「十年前,在移民局……」總裁開口了:「我在排隊辦工卡,排到我時,移民局已經快關門了。當時,我不知道工卡的申請費用漲了五美元,移民局不收個人支票,我又沒有多餘的現金。如果我那天拿不到工卡,雇主就會另雇他人了。這時,是你從身後遞了五美元過來,我要你留下地址,好把錢還給你,你就給了我這張名片。」

「後來呢?」趙立平漸漸的回憶起來了。

「後來我在這家公司工作,很快我發明了兩項專利。我到公司上班後的第一天就想把這張匯票寄出,但是一直沒有。我單槍匹馬來到美國闖天下,經歷了許多冷落和磨難。這五美元改變了我對人生的態度,所以,我不能隨隨便便就寄出這張匯票……」

在現實生活、工作中,你不可避免的要與人打交道,或是親朋好友,或是上司同事,或是與陌生人從不相識到相識。人生是一篇大文章,有時借助貴人幫助,可以把這篇文章寫得氣勢磅礡。

生意場上,初創業者往往起步艱難,如果能得到事業有成的人幫助,一定會飛得快,跑得遠。因此，你的交際圈子中有幾位大老闆為你「呼風喚雨」是非常重要的，但你這個「小字輩」又如何與他們接觸，並如何讓他們喜歡你呢？

試想一下，如果趙立平未用五美元助人，他怎麼可能會受到總裁那麼大的恩惠呢？儘管他起初不是有意的，卻是無心插柳柳成蔭。這種無意間的滴水之恩，帶來的是受助者日後的湧泉相報。

幾乎所有的年輕人，均渴望能和才華橫溢的人物成為知交。總認為假使自己也小有才氣，那更是如魚得水。

因為與那些不平凡的人接觸，可以學習到許多有利於成功的東西。觀察他們，學習他們，虛心的向他們請教。逐漸的，你會感覺到生命裡注入一種新東西。你會逐漸的與他們一樣看問題，思索問題，解決問題。

保羅．艾倫是一位音樂愛好者，同時對天文學也充滿特別的興趣，一有空不是沉浸在音樂裡，就是對著天空發呆。因此，在同學之間，他被視為一個不善交際的人。

但是，他也不是沒有朋友，比他低兩個年級的一位金髮男孩，就經常到班裡來找他，因為他父親是圖書管理員，金髮男孩要透過他借一些最新的電腦書籍。

在借書還書的過程中，艾倫喜歡上了那個金髮男孩，於是經常跟他出入於學校的電腦房，與金髮男孩一起玩程式設計遊戲。從「三連棋」一直玩到「登月」，臨畢業時，他也成為一個僅次於金髮男孩的電腦高手。

一九七一年春天，艾倫考入華盛頓州立大學，學習航太；次年，那位金髮男孩進入哈佛，學習法律。兩人雖然不在一個學校，但經常聯繫，金髮男孩繼續跟他借書，他繼續跟他探討程式設計問題。

一九七四年寒假，艾倫在《流行電子》雜誌上看到一篇文章，是介紹世界第一台微型電腦的。他興奮異常，因為在中學時，那個金髮男孩就經常在他面前抱怨，電腦太笨重了！要是小到家裡能放下就好了。

艾倫拿著那本雜誌去了哈佛，見到那位金髮男孩，說能放在家裡的電腦造出來了。

金髮男孩當時正為「是繼續學法律，還是搞電腦」而苦惱。當他看到《流行電子》雜誌上的那台所謂的家用電腦後，說：「你不要走了，我們一起做點正經事。」

於是，艾倫留了下來，在哈佛所在的城市——波士頓住了下來，並且一住就是八個星期。在這八個星期裡，他和金髮男孩沒日沒夜的工作，用 Basic 語言編了一套程式，這套程式可以裝進那台名為 Altair 8008 的家用電腦裡，並且能像汽車製造廠的大型電腦一樣工作。當他們帶著這套程式走進那家微型電腦生產廠商時，竟然得到一個意想不到的答覆，給他們三千美元的基價，以後每賣出一份程式，付三十美元的版稅。

艾倫和金髮男孩喜出望外，再也沒有回到學校。三個月後，一家名為微軟的電腦軟體發展公司在波士頓註冊，總經理是那金髮男孩——比爾．蓋茲，副總經理是保羅．艾倫。

現在微軟公司已成為世界上的一個巨無霸，總經理比爾．蓋茲已成為人所共知的世界首富。艾倫在總經理的巨大光環下，雖然有些黯淡，但在《富比士》富豪榜上也名列前五位，個人資產數百億美元。

為了夢想。你必須不停的尋找一切對你有幫助的不平凡的人。每一個不平凡人的不平凡人生，都是一部奇書。你要學會閱讀這一部部奇書。

你要睜大眼睛，學會觀察周圍的人，你會驚訝發現周圍有很多不平凡的人，他們都將給你的人生以莫大的幫助。

- **智慧經：**

尋找不平凡的人。

不平凡的人會帶給你不平凡的人生。

成功需要貴人。

3　巧借他人之力，行自己之意

《兵經百字．借字》云：「己所難措，假手於人，不必親行，坐享其利；甚至以敵借敵，借敵之借，使敵不知而終為借，使敵既知而不得不為我借，則借法巧也。」借他人之勢為自己圖謀取利，是一個人飛黃騰達的重要手腕。

借他人之勢為自己圖謀，是成大事的一個重要手腕。個人的智慧與力量是有限的，要想戰勝對手，取得事業的成功，必須依靠他人之勢，才能獲得意想不到的收穫。

成功不一定要去硬拼，巧借他人之力，行自己之意，只要「借」的恰當，不費吹灰之力，就能成就偉業。

運用「借勢」的思維方式，借他人之勢，擴大自己的影響，這是成大事之人必不可少的手腕。

很多人誤認為生意就是一個買進賣出的關係，每天都有鈔票就似活神仙，可是紅頂商人胡雪巖卻不這麼認為。

在胡雪巖的商業經營活動中，他十分注重借勢經營，與時相逐。在他的商業活動中，十有八九是圍繞取勢用勢而展開的，他也從不放棄任何一個取勢用勢的機會，從而不斷拓展自己的地盤，張揚自己的勢力。於是，胡雪巖總結出自己的一套商業理念，即「勢利，勢利，利與勢是分不開的，有勢就有利。所以現在先不要求利，要取勢。」

在胡雪巖第一次做絲繭生意時，就遇到了和洋人打交道的事情，並且遇見了洋買辦古應春，二人一見如故，相約要用好洋場勢力，做出一番市面來。胡雪巖在洋場勢力的確定，是他主管了左宗棠為西北平亂而特設的採運局。採運局可管的事體甚多。牽涉和洋人打交道的，第一是籌借洋款，前後合計在一千六百萬兩以上，第二是購買輪船機器，用於由左宗棠一手建成的船政局，第三是購買各色最新的西式槍枝彈藥和火炮。

由於左宗棠平叛心堅，對胡雪巖的作用看得很重，凡洋務方面無不要胡雪巖出面接洽。這樣一來，逐漸形成了胡雪巖的買辦壟斷地位。洋人看到胡雪巖是大清重臣左宗棠的親信之人，生意一做就是二十幾年，所以也就格外巴結。這也促成了胡雪巖在洋場勢力的形成。

因為洋人認準了胡雪巖，不大相信不相干的人。所以江南製造總局曾有一位買辦，滿心歡喜中接了胡雪巖手中的一筆生意，卻被洋人告知，槍支的底價早已開給了胡雪巖，不管誰來做都需要給胡雪巖留折扣。

綜合胡雪巖經商生涯看，其突出特點就在他的「借勢取勢」理論。他知道勢和利是不分家的。有勢就有利；因為勢之所至，人們才唯其馬首是瞻，這就沒有不獲利的道理。另一方面，有勢才有利，社會上各種資源散溢著，就像水白白流走一樣，假若不予蓄積，沒有成熟，就也無法形成一種力量，一種走向。蓄勢的過程，就是積聚力量；形成規模，安排秩序，形成走向的過程。

人不是憑單獨一己之力賺到錢的，持有憑一己之力便能賺大錢的想法，那是夜郎自大。個人的力量，畢竟有限。能賺大錢的人往往最知道如何借重別人的力量當他遇到困難，非自己能解決時，就知道如何獲得別人的援助，他自己絕不做過於繁重的工作。知道分工合作，他只做那些別人不會做的事。

請記住這個要則：你要獲得別人幫助，必先幫助別人。幫助別人越多，未來的收穫也越多，唯有愚蠢的人才想盡方法，去奴役他人，希望他人毫無條件為他盡力。

- **智慧經：**

有勢就有利。

巧借他人之力，行自己之意。

己所難措，假手於人，不必親行，坐享其利。

4　借勢造勢，四兩撥千斤

當自身處於受擊地位，立即就對方所提的話題作易位思考，讓對方置身於我方地位，甚至依照對方的論斷，以加倍於他所施用的攻擊力量還擊對手。

借時造勢，借事造勢常借其人之道，還治其人之身。以論敵所講的道理或所用的方法來還擊他，能產生有力的反駁和揭露的作用。運用借時造勢，借事造勢法，要「借」得自然，即借言事物和真正表達的事理具有合理性。

當對方提出的問題是一個難以反駁的事實，而且既無法反駁，又不能逃避時，可借用對方提供的話題換一個角度來陳述己見，從而突出自己的優勢和攻擊對手的弱點，最終戰勝對方。

在競選國會議員時，約翰·艾倫與陶克遭遇。陶克是美國南北戰爭時期的北軍將領，戰功卓著，並擔任過數屆國會議員，而艾倫則是一名出身士卒、默默無聞的人。在競選演說時，陶克充分發揮自己的優勢，他說：「諸位親愛的同胞們記得，十七年前的昨夜，我曾帶兵在山上與敵人進行過血戰，在山上的樹叢中露宿了一夜。如果諸位沒有忘記那次艱苦卓絕的戰鬥，諸位在投票時，請不要忘記吃盡苦頭為國家帶來和平的人。」

選民們被打動了，他們高呼「我們要陶克」！陶克將軍彷彿勝利在望。就在此時，艾倫登場了。他說：「女士們，先生們，陶克將軍沒說錯，他的確在那場戰鬥中立了戰功。但當時，我是他手下的一員小兵，代他出生入死，衝鋒陷陣。當他在樹叢中安睡時，是我攜帶武器整夜保護他。諸位如果同情陶克將軍，當然應該選舉他。反之，如果同情我，我可以對於諸位的信任當之無愧！」

艾倫的一席話從容不迫，有理有力，寥寥數語便扭轉乾坤，轉敗為勝。在當時的情況下，如果艾倫繞開南北戰爭，等於默認了陶克的功勳，如果正面否定陶克的功績，違背事實，會引起聽眾的反感，而艾倫卻巧妙的借用了陶克的話題，你談南北戰爭，我也談南北戰爭，而且把將領在戰爭中常常擁有的特殊待遇和普通士兵的出生入死、艱苦卓絕作對比，幾句話便使陶克失去優勢，令聽眾心服口服。

借時造勢，借事造勢的手腕實質是迂回攻擊，不搞兵臨城下，正面壓迫。使用借時造勢，借事造勢法勸諫的妙處，全在能在勸諫與納諫之間臨時開闢一個緩衝地帶，使得許多尖刻的意見或建議按照一種漸進的方式順利向前推進，不知不覺占領對方陣地。

使用借時造勢，借事造勢方法，首先，注意借題技巧。信手拈來，沒有矯揉造作故弄玄虛的嫌疑。所借之題一定與進諫的主題有所聯繫，使之在展開的過程中有發揮的餘地。所借之題與主題沒聯繫，硬扯到一塊，「發揮」的本領施展不開，勸諫的目的就無法達到。其次，注意發揮要好。所借題中包含的理一定要闡發清楚、充分。

生活中經常有人講一些似是而非的道理。一個小女孩去麵包店買了個兩便士的麵包，發現麵包比平時小得多，於是就對老闆說：「你不覺得這個麵包比平時小嗎？」「哦！那不要緊，這樣你拿起來就方便多了。」顯然，老闆在詭辯。對此小女孩沒有爭辯，只給一個便士就離開了麵包店。老闆趕緊大聲喝住他：「嗨！你沒給足錢啊！」「哦！不要緊，」小女孩不慌不忙的回答，「這樣，你數起來不也方便多了嗎？」一句話噎得老闆瞠目結舌。

小女孩的巧妙之處，就在於「以子之矛，陷子之盾」，借對方的石頭，砸對方的腳。另外，當自己處於受攻擊的地位時，還可以借用對方話題所提供的論斷，以加倍的力量還擊對手。

有一次，俄羅斯著名馬戲丑角演員杜羅夫在觀摩演出，幕間休息時，一個傲慢的觀眾走到他面前，諷刺的問道：「丑角先生，觀眾對你非常歡迎吧？作為馬戲班中的丑角，是不是必須生就一張愚蠢而又醜怪的臉蛋，才會受到觀眾歡迎呢？」杜羅夫悠閒的回答：「確實如此。如果我能生一張像先生您那樣的臉蛋，我準能拿到雙薪！」這個觀眾自討沒趣，灰溜溜的走開了。杜羅夫還擊對方時，借用了對方話題中的論斷。

借時造勢，借事造勢這種技法不僅簡潔有力，而且生動活潑，如果運用得當，常常能產生「四兩撥千斤」的效果。古今中外不乏「借時造勢，借事造勢」成功之例。如何運用「借時造勢，借事造勢」，達到目的呢？

事物的發展變化，是眾多因素共同作用的結果，人的能動作用尤其不能忽視。處在一定條件下的組織，能夠抑制逆勢，創造順勢。袁曹兩軍對峙於官渡，由於糧草不繼，形勢對曹操越來越不利，但曹操打烏巢，放了一把火，其勢就發生了逆轉，此舉創造了有利於曹操的順勢，烏巢糧倉化為灰燼，袁紹軍心動搖，失去了戰鬥力，被曹操一舉擊敗。

日常生活中的廣告宣傳、優質服務、霓虹燈、音響等等都具有造順勢的作用。人們經常見到這樣的場景：市角街頭一夥人圍著一個小販搶購其兜售的商品，引得路人也紛紛加入搶購的行列之中。明眼人一看就知道，那夥人與商販本是一路，他們「搶購」的目的，就是使過路人產生「此物走俏或便宜」的心理效應，造成一種有利於該種商品銷售的態勢。舊社會有些商人憑藉對某種商品貨源的壟斷，搞囤積居奇，也是在造順勢。當然，這些方法在社會主義競爭中是不可取的。但是，如果以符合道德規範的手腕去造勢，還是值得重視的。

孫子說：「善戰人之勢，如轉圓石於千仞之山者，勢也。」非常形象的說明了「識勢・應勢・造勢」在人生中的重大意義和作用。

- **智慧經：**

借時造勢，借事造勢常借其人之道，還治其人之身。

運用借時造勢，借事造勢法要「借」得自然、合理。

5　自抬身價，多為自己做廣告

一個人要想出人頭地，用點「手腕」，適當抬高自己的身價，多為自己做廣告，要比待在角落裡等著被別人發現強百倍，甚至千倍。

做人要想成功，抬高自己的身價是很必要的，只有這樣你才能為眾人所認同，當然，這需要你冒很大的危險，但成功機率卻也是非常之高。那麼如何抬高自己的身價呢？適當掌握點「手腕」是很必要的。

劉備自稱漢中王，要把大本營遷到成都，因此必須挑選一名大將鎮守漢中。選誰呢？一班人等，包括張飛本人，都認為非張飛莫屬，不料劉備卻看中大將魏延，破格讓他擔任鎮遠將軍，兼漢中郡太守。結果一公布，全軍震驚。

劉備在一次宴會中，問魏延：「如今我委託你擔當重任，你有什麼打算呢？」魏延他說：「若曹操舉全軍來犯，我為大王抵擋他；若曹操派偏將統率十萬兵力來犯，我為大王吞下他。」

劉備聽了心裡爽極了，在場文武官員也嘖嘖稱歎。後來張飛等人也沒什麼意見，看來魏延這牛皮吹得很有水準。

那些擁有驚世才能的人，不懂得表現，就等於自我埋沒。謙虛固然是一種美德，但如果過度，也不會得到老闆青睞，給人的感覺是這個人平凡無奇，沒有才華。

部屬需要適度的自我推銷，古時尚有「毛遂自薦」，何況有著現代觀念的今天，為什麼要害羞呢？自己的命運，自己開拓。

有位小姐，她的英文很好。有一天，她來到一家出版社，要見社長，她想到出版社當編輯。可這家出版社沒有英文圖書的出版計畫，所以無法用她。後來這位小姐請社長給她介紹一下到別的出版社，社長把她推薦給一位同行，這位小姐居然很快就有了工作。

後來兩位出版社的老闆碰在一起時還說：真感謝你當時給我介紹這位好編輯。其實，介紹那位小姐的老闆當時不覺得她的英文能力像她所描述的那樣好，但她敢於毛遂自薦，至少表現了一種積極主動，勇於向陌生的人和事挑戰的優點，當老闆的當然喜歡用這樣的人。

現在的社交崇尚自我表現。因為在交際應酬中不會適當抬高自己的人，很難獲及高品質的交際效果。善於交際應酬的人，總是盡量把自己的長處呈現於朋友同事面前。比如：伶俐的口才，淵博的學識，溫文爾雅的舉止，典雅的服飾，都會給人帶來一個良好的交際印象。所說抬高自己，在一定意義上說就是努力表現自己。

張先生有一件很普通的事，很值得我們深思：

夏天的一天傍晚，我去看望一位香港客人，因這家飯店距我家很近，沒有更換整潔點的衣裳，穿著舊布襯衫就去赴約。守門的警衛見我穿著如此寒酸，立刻繃緊了頭腦裡的那根弦，盯著我上電梯又走過來盤問，弄得我一時非常尷尬。我不得不面帶怒氣的給了他幾句，他才不好意思的悄悄走開，不過我的心裡卻感到很彆扭。跟朋友說了這件事，他笑笑說：「你這身打扮是邋遢一點。」從此只要是去這些地方，不管多麼匆忙，我都要換件像樣的衣服。

誠然，衣貌取人，讓人覺得沒有教養，其實反過來一想對穿著打扮不花一點心思，任由自己的任性來，是否對人也不夠尊重呢？就拿佩帶首飾來說吧。

許多女性佩戴首飾，完全不是出於美容或炫耀目的，而是為了社交需要，為了能在正式的場合中體面。身為人妻且丈夫聚會很多者、從事公關或禮儀接待工作者等等多半屬於此類。一位婦女的心態是這種心理的鮮明寫照：「其實我不喜歡戴首飾，平時在家或外出我就不戴。但逢到我丈夫有宴會或要參加一次重大聚會活動時，我就不得不帶了。這樣在重的場合，不戴有些不合體統。而我先生這樣的活動卻很頻繁，因而我不得不買了很多首飾。」

其實，做人的技術很大部分不過是創造一個好形象，只要有辦法做到，讓人不敢小瞧是再正常不過的事情。下面有幾個比較實用的手腕：

(1)購買「豪華配件」。

一件豪華配件，例如一塊「勞力士」，其實很能保值。不少古董表更能升值。花幾萬買一隻名錶，當完有錢人之後，將來萬一賣掉，說不定還有錢可賺。

曾有一個西洋朋友開法拉利跑車，好不威風，開這樣的車，人人都說他是富豪。其實此人託人買到便宜的二手車，每次買車都賺錢。於是他每年都換車，簡直就是個有錢人。

在佩帶首飾的女子大軍中，不乏一類人，主要目的是要在人群中展現其高雅，家庭富裕，以示鶴立雞群。有著這樣心理的女性，往往追求高級名牌的首飾品，並常以此為資本在同事或同伴中炫耀。

(2) 流行時尚也會給人很「酷」的感覺。

時下的偶像明星，穿著打扮上無不出奇制勝，就是希望留給觀眾鮮明而深刻的印象，吸引更多影歌迷。

跟隨這陣偶像旋風，不少人都染黃了、染金了、染白了頭髮；男子蓄長髮穿長裙，女人理平頭穿西裝打領帶——男不男，女不女，老不老，小不小，亂七八糟，奇形怪狀，似乎是這股潮流的重點。跟潮流花費金錢不至於很多，正適合年輕人。

俗話說「人微言輕」，如果你的穿戴不夠體面，就無異於是唆使別人看不起你。要想人前人後臉上有光，不動番腦筋是不行的。

另外應切記：無論你多麼卓爾不群，也不要在公眾場合大肆說時尚的壞話，因為流行物便代表大眾——包括你的熟人。你去譴責時尚便是罵他們，絕不會給人好印象。人們會在心裡說：「你又有什麼了不起的，看起來像個小丑、乞丐，可笑得很！」要心隨精英，口隨大眾。憤世嫉俗，不願承認以衣貌取人的社會現實，會死於眾生的唾沫之中。

適當抬高自己並不是清高自負。在言行上貶低別人，如用旁若無人的高談闊論、矯飾的表情、誇張的動作來表現自己，就會使人產生反感。

某公司的李女士，每天總是利用一切機會讓人們知道她的存在。一位老兄在遺憾兒子差兩分沒被清華大學錄取，一旁的李女士生怕沒了機會，插嘴道：「真是的，我那兒子也不爭氣，要考大學了，才考了九十九分。」旁人不難看出，她到底是自貶還是自誇。一年秋季，她辦完調動手續，滿以為會被熱情歡送，豈料送行的只有一名例行公事的幹部。例子中李女士就是抬高自己，貶低別人的最好展現。像這種人生活中還有很多。

懷才不遇，壯志難酬是每個有本事的人都可能遇到的境況，這個時候鬱鬱寡歡，不思改變的話你可能真的從此淹沒，如果你想改變自己的命運，那麼自抬身價，適當吹噓自己往往會有奇效。

- **智慧經：**

不懂得表現，就等於自我埋沒

適當抬高自己並不是清高自負。

適當抬高自己的身價，自己的命運，自己開拓。

6　好風憑藉力

俗話說得好：「好風憑藉力。」一個人在事業上要想獲得成功，除了靠自己的努力奮鬥外，有時還要借助他人的力量才能事半功倍。應用這種方法獲得成功的手腕稱為「借梯上樓」法。

對於想獲得成功的人來說，這裡的「梯」指的是他人的能力，如名人、親戚、朋友、同學等的地位、名望、財富或權力，而「樓」則是指你要獲得的某種較為理想的目標。

一般來說，無論引薦者的名望大小、地位高低，只要對你的成功有所幫助，他就是你登上高山的好梯子，他的威信和影響對你都有用處。一般人對權威和名望有一種可靠、信賴的感覺，因而他們常常會從推薦者身上來估量被推薦者的能力和人格。這種透視現象可以幫助你走向成功。

引薦者的名度越高，你就越容易得到社會的承認、上司的賞識。唯有得到社會的承認，你的事業才算是真正的成功；否則，你就會被埋沒，而枉有一身能耐。

一九二九年的一天，時任藝術學院院長的徐悲鴻去參觀舉辦的一個畫展。

寬敞的大廳裡，盡是一幅幅裝裱精緻的畫，令人眼花繚亂。由於不少作畫者墨守成規、閉門造車，致使畫面陳舊，毫無新意。徐悲鴻看了一會兒，感到很不痛快。忽然，一幅掛在角落裡的畫引起了徐悲鴻的注意。他仔細端詳品味著畫面上那對蝦，只見牠體態透明，尾舒展，生動逼真，筆法嫻熟。這位觀賞過許多藝術珍品的畫壇大師立刻意識到，他發現了一位出類拔萃的藝術人才。當他得知此畫的作者竟是一位年越六十、木匠出身的老頭時，不由得感歎一聲：「我為這個懷才不遇的人感到惋惜，真沒想到在角落裡還藏著一位傑出的藝術大師啊！」這位國畫大師就是齊白石。

沒過幾天，徐悲鴻就聘請齊白石任藝術學院教授，並親自搭車接齊白石到校上課。一年後，由徐悲鴻親自編輯作序的《齊白石畫集》問世。從此，畫壇又添一星。

經常可以看到這樣的現象：由於人們所處機構的層次不同，便嚴重影響社會對自身的評估。處於聲望較低機構中的人，儘管其才能或成果是一流的，卻往往不能得到施展和承認；而相反，在聲望較高的機構中工作的人，可能其才能或成果是二流的，甚至是三四流的，但卻容易人盡其才，被承認的機會相對要多得多。

那麼，我們怎樣使自己的才華得以施展、成果得到承認呢？尋求權威、名人，他們身居上層，任居高位，他們的舉薦、提攜頗具分量。

如何得到權威、名人的舉薦、提攜呢？自古以來就有伯樂識千里馬之說。從古至今，眾多的「千里馬」都是得利於眾多的「伯樂」而得以奔騰萬里的。

在當今社會，成功是人們夢寐以求的渴望。漫長的人生之路，有些人為追求成功付出了莫大的代價，最終卻事倍功半。他們經常自怨自艾：可惜我滿腹經綸，卻始終沒有出人頭地的機會。不過，灰心只能使你喪失自信，要想成功，僅有曠世的才華還遠遠不夠，還要找到賞識你的貴人。

劉基是青田縣人，生於元武宗至大四年（西元一三一一年）。元惠宗至正二十年（西元一三六〇年）輔佐朱元璋，開始在政壇上嶄露頭角。朱元璋對他十分青睞。

少年得志的劉基，很想為元朝盡忠，做一番轟轟烈烈的事業。當時正處於元朝末年，官場腐敗，吏治不清，整個社會統治已是搖搖欲墜。但他並沒有感到獨木難支，而是積極投入政治活動。他以身作則，為官清正，時常與那些貪官汙吏做鬥爭。可是沒過多久，劉基碰了個滿鼻子灰。上任後不久，由於受人嫉恨而被排擠。又過了不久，他又因上當彈劾監察御史失職而得罪上司，被排擠回家。

官場失意對劉基的打擊是非常沉重的。不惑之年的他，本來以才自恃，總想透過效忠元朝來施展自己的才華和抱負，可是每次都是乘興而去，敗興而歸，根本沒人重視他的才華。無奈之餘，他只得隱居山林，寫詩作賦，抒發他懷才不遇、報國無門的憂鬱心情。

正當他報國無門之時，朱元璋領導的一支紅巾軍先後占領了諸暨、衢州和處州，隨後又拔除了東南一帶元軍的一些孤立據點，占領了浙東大部分地區，並極力網羅各地知識分子、知名人士，希望他們出來輔佐自己做事業。在浙東早已聲名鵲起的劉基，自然列入了被邀請的名單。

此時的劉基已年過半百，他以為此生碌碌無為，再也指望不上什麼靠山了，一身的才幹也就要付之東流，又加之對朱元璋半信半疑，很不願意出山。經過朋友再三勸告，又考慮到身家性命，他才決定去應天府（今），對朱元璋進行觀察。

劉基到應天府之後，心情依然很憂鬱。朱元璋召見他那天，他懶懶散散的來到朱元璋的帥府，見朱元璋只是略略一拜。當朱元璋問他怎樣建立功業時，劉基隨機想出了治國十八策，說得朱元璋連連稱道，親自為劉基斟茶，繼續向他詢問有關創業的各方面的意見。朱元璋禮賢下士的態度使劉基那顆已經冰冷的心重新得到了溫暖。朱元璋為了攏絡像劉基這樣的文人，專門修建了一所禮賢館，對文人們給予特殊的待遇。而且每當聽到他們談論高深的政治見解時，便會心動、立即採納他們提出的正確意見。劉基覺得總算遇到了明主，便忠心耿耿的輔佐朱元璋，他決心利用自己的軍事才能，為朱元璋建立強大的軍事力量。

劉基也越來越受到朱元璋的器重。一天，朱元璋在自己房中設酒席款待劉基，請他分析天下局勢。朱元璋向他講明瞭天下局勢：當時，各路起義軍占領了元朝大部分地盤，其中勢力最強盛的是湖北的陳友諒和蘇州的張士誠。這兩個人為了擴大地盤，不斷騷擾朱元璋所占據的領地。朱元璋把大部分精力用於防備這兩個人的掠奪，搞得手忙腳亂。

劉基聽完朱元璋的陳述，微微一笑。他撫摸著鬍鬚，向朱元璋發問：「您可知道山中猛虎的故事？」朱元璋被問愣了，木訥的說：「您說的是什麼意思？」劉基莞爾一笑，緩緩的說道：「從前有一隻猛虎，整天在山林裡覓食，有兩隻狼也想占便宜，便和牠爭食。猛虎追那隻狼，這隻狼就來吃牠的東西，再追這隻狼，那隻狼又吃牠的東西。猛虎白白獲得了很多美食，最後竟餓死在山中。

現在您就好像那隻猛虎，而陳、張二人就好像那兩隻惡狼。如果您想安安靜靜的獨坐天下，該怎麼辦呢？金陵地勢險要，但也不過是一隻肥兔；天下之大，才是可逐之鹿，若想威震天下，必先除去二狼，再北定中原。那時，您就可以面南背北占據四海，自立為帝了。」

朱元璋聽後，沉默了良久，對劉基說：「恐我不是猛虎，而張、陳乃猛虎耳。」劉基聽罷，一下子站立起來，朗聲說道：「主公此言差矣！張士誠齷齪，胸無大志，只求自保，不求進取，有什麼英雄氣概？可以暫且置之不理。陳友諒野心十足，欲望高，擁有精兵數十萬，巨艦幾百艘，地勢處我上游，經常虎視眈眈，總想侵吞我們，確有猛虎之勢，應該認真對付。然而他為人驕傲，自以為是，乃一勇之夫，做大將衝鋒陷陣還可以，卻不是成王霸業的材料。主公雖然如今勢力尚弱，但你胸懷大志，如能立志起兵，應先消滅陳友諒，次取張士誠，則如虎豹突起，聞者震撼，得天下有什麼難的！」一番話說得朱元璋熱血沸騰，豪興大發，他說：「若不是先生教我，我終不過餓死之虎耳！此乃天意，使先生助我！」

從此，朱元璋把劉基視為心腹，事無大小，都要同他商量。朱元璋稱呼劉基，只用先生而不呼其名以示尊重。這就更加增強了劉基報答知遇之恩的願望。

「識貨」的老闆，是我們一生中不可或缺的貴人，他能使我們迅速接近成功。只要我們練就一雙慧眼，找到「識貨」老闆，何愁自己沒有用武之地呢？

- **智慧經：**

「借梯上樓」，好辦事情

眾多的「千里馬」都是得利於眾多的「伯樂」而得以奔騰萬里的。權威、名人他們的舉薦、提攜頗具分量。

7　大樹底下好乘涼

俗話說：大樹底下好乘涼。的確，在你的背後，要是有個顯赫的人物為你撐著，你的人生旅途自然暢通無阻。

黛安娜嫁給了查爾斯王子，於是成了王妃，也有了王室的高貴與尊嚴，否則，她將永遠是平民，是一個普通的女人。

有這樣一則笑話：一群人在一起，好鬧事的癩頭張三跳出來叫囂——「誰敢打我？」一群人都沒有反應，癩頭張三洋洋得意。這時，人高馬大的李四慢騰騰走了過來，揚起拳頭說「我敢打你！」癩頭張三一看陣勢不對，搭著李四的肩頭說「誰敢打咱倆？！」再沒有人出來應聲。

笑話是諷刺癩頭張三的軟骨病，現在看來，其實癩頭張三並不簡單，在看到形勢不同的時候，能夠迅速做出反應，將自己與強大的一方形成聯繫。

把癩頭張三和王妃擺在一起似乎有點不那麼尊重王妃，但最起碼有一點他們是相同的，那就是都攀附上了有實力的一方，從而自己也變得不一樣。

「王妃原理」有點像是我們常說的「傍大樹」、「抱粗腿」什麼的，都是因為自己是弱小者，尋找一個比自己更強大的一方，借助他們的實力與勢力，使得自己也能夠擺脫弱小的地位，得到別人的關注與尊重，並實現一些在原來弱小者地位時無法實現的目標。

但是，長期以來我們的傳統教育總是叫我們要自尊、自立，不要去阿諛奉承，要有自己獨立的人格，對那種投身強者的做法嗤之以鼻。因此，對於這種借助強者的做法不是公開唾棄，就是暗地指責，使得人人對依靠強者望而卻步。

其實，如果排除所謂道德上的惡名，只要不是依靠強者去做惡，「王妃原理」對我們的日常生活是很有益處的。

如果不是借助於強者，而是按照自己滾動發展的方式來進行自我累積，那麼，要達到較高的位置需要的時間和精力都是非常大的，而且，可能付出了很多的時間、精力和財力而依舊不能達到自己期望的位置。但利用「王妃原理」，借助強者的優勢，可以使自己很快從弱小地位擺脫出來。

正如前面說的，借助強者的優勢，與強者聯合，可以很快達到憑藉自己很難達到的高度，大大的減少了成本。同時，由於你與強者聯合，很多人就會自動將你和強者等同對待，你會獲得不一樣的關注和尊重，你也會獲得很多人的支持和幫助，你能夠整合更多的資源去實現自己的目標。黛安娜如果不是因為嫁給查爾斯王子，成為王妃，沒有人會關注她喜歡做什麼，但是，正是因為她嫁給了查爾斯王子，成了王妃，於是，她可以去做自己的慈善事業，可以去展示自己的愛心，可以被認為是高貴等等。

利用「王妃原理」，可以在自己弱小時、能力不夠時保證自己有發展的機會。借助強者的優勢，如果運用得法，你可以避免那些對強者的攻擊，同時又獲得只有強者才能得到的好感和尊重。

清朝康熙時期，當時最大的奸臣就是明珠。明珠幼年在宮中當過侍衛，與康熙的關係比較接近。正由於這層關係，明珠仕途一帆風順，曾經官至兵部尚書。

當吳三桂自請「撤藩」之後，朝中大臣多有慰留之意。明珠附和康熙的意見，主張下旨「撤藩」，看看吳三桂敢不敢反。從此以後，康熙更是對明珠歡喜不已。

得勢以後的明珠，與其最親密的走狗余國柱開始大肆賣官，中飽私囊。

凡是各省的總督、巡撫、布政使、按察使等重要位置一有空缺，他們便向有意者大肆索賄，直到滿足他們的欲望為止。日子久了，明珠的財富也就堆積如山了。

而且，明珠還進一步控制那些檢察官員，進而以箝制百官。他將所有新上任的檢察官員找來，令他們訂下密約，答應所有向皇帝上的奏章，事先一定拿來給自己過目。

這樣，明珠不僅得寵於皇上，控制百官，還控制著整個檢察機構。國家機構對他已是沒有任何的約束力，一時權傾朝野。

等到明珠最終一日被人告發，康熙也僅僅是免了他的大學士之職，並且還是很不忍心的。

過了不久，康熙又把他招來身邊，充任「內大臣」！

明珠是個可憎可惡之人，我們可以從他成功的背後去尋找答案。他要不是有康熙這棵大樹為他擋住烈日、擋住狂風、擋住暴雨，他早已是滿朝文武的眾矢之的，身首異處了。

明珠的官道暢通之法，不可為我們所效仿。但是，我們也可從中受到一些啟發。如果在你的工作中，遇到那些十惡不赦之人，而他們又羽翼豐滿、勢力強大，要剷除他們，你也只有背靠大樹才能達到目的了。

可以設想一下，一個從來不知名的企業，如果它宣傳自己是大集團軟體提供商，那麼，大家對它的印象和關注比它宣傳自己的軟體多麼好多麼好要深刻得多，它在你心目中的形象一下子就會從無數家提供軟體的企業中跳出來，變得清晰無比，你會將它和大集團形成一種固定聯繫。想到大集團，想到大集團的軟體，你就會想到它。

在大海之中，鯊魚是一個十分凶狠的傢伙，非常不好相處，許多魚類都是牠們的攻擊目標，但有一種小魚卻能與鯊魚共處，鯊魚非但不吃牠，相反倒為牠供食，這種魚就是鮣魚。鮣魚的生存方式，就是依附於鯊魚，鯊魚到哪裡牠就跟到哪裡。當鯊魚獵食時，牠就跟著吃一些殘羹冷炙，同時，因為牠還會為鯊魚驅除身體上的寄生蟲，所以鯊魚不但不討厭牠，反而十分感激牠。因為有鯊魚的保護，所以鮣魚的處境十分安全，沒有魚類敢攻擊牠，能夠攻擊牠。

人生一世，永遠一帆風順直到生命終結，應該說這樣的概率很小。每一個體者在其一生之中，總會碰上幾檔子就算是竭盡身心之力也無法走出困厄之境的事。那麼，一旦遇上這種情況，倦鳥投林謀略可以幫助自身從困厄之境中漸漸掙脫出來。鳥飛累了，懂得投林休息，人「累」了，是多方面的原因造成的！倘若是因為抗「熱」而累，不妨到一棵大樹底下「坐坐」，因為大樹底下好歇蔭。

在這方面，某公司的總經理孫先生是深有感觸的，他說：「十年前，我和南方的一家公司，簽了一份價值達六十萬元的合同，當我將八十萬元匯過去等著他們把貨發過來的時候，等呀等，一個星期過去半個月過去，收不到貨，打電話催，電話沒人接，我按照地址親自去找，那家公司早已搬走了！於是，我明白，自己十年來拼死拼活存下來的所有資本——六十萬，一下子被人騙了個精光！公司解散了，我個人在那一段日子裡，真是想死的心都有！只不過我覺得，男子漢大丈夫，不能輕彈淚，更不能言輕生！我暗暗的下定決心，一切從頭再來。於是，我決定，先找一家公司打工，以解決基本的生活問題，同時，也可以借在他人手下打工的這段輕閒日子，彌補自己所受到的創傷。於是，我走進了一家大公司的門，且一做就是六年，六年裡，我憑著自己突出的業績，連薪資加資金，我又存下近二十萬元！就在我存滿二十萬的時候，我走進公司老闆的辦公室，辭職！老闆很吃驚，他挽留我，而且還決定提升我的職位。我謝絕了，我覺得我已經恢復了多年前的心態和感覺，重新創立了今天由我自己當老闆的這家公司！現在，我雖說個人財產達千萬，但我還是感謝那家公司，因為是那家公司在我最落泊的時候給我以工作的機會，也給了我六年休養生息的時間，不然，我也無東山再起的實力……」

在現實生活、工作、奮鬥中，身心可能會有很受傷的時候，每每此時，不妨找棵大樹歇歇蔭。

- **智慧經：**

人「累」了不妨到一棵大樹底下歇蔭。

在你的背後有個顯赫的人物為你撐著，你的人生旅途自然暢通無阻。

借助強者的優勢可以使自己很快從弱小地位擺脫出來。

8　他山之石，可以攻玉

他山之石，可以攻玉。他人之事，我事之師。看別人的腳，我們至少可以少走彎路，少跌跟頭。

一個公司的發展，特別是在起步階段，自身資源是最貧乏的，這需要領導者具備整合社會資源的能力和胸才大略。自身缺乏資源沒關係，社會上具有最好的資源——最好的人才、最好的企劃公司、最好的設計院等等，為何不把它整合成自己的團隊？你不用，別人會用，甚至競爭對手會用。劉邦所以能得天下，是他心胸的大度勝過了項羽：運籌帷幄敢用最智慧的子房，鎮國安邦敢用最謀略的蕭何，打仗敢用最善戰的韓信，甚至馬夫也是用最勇敢的夏侯嬰。如果子房、蕭何、韓信等人為項羽或齊王、燕王所用，劉邦的下場可想而知。通用汽車總經理斯隆曾說：「把我的財產拿走，但只要把我的人才留下，五年以後，我將使被拿走的東西失而復得。」這句話極其深刻表明瞭借用他人之力的重要性。

一個人是否有實力不要緊，只要他善於用人，照樣能做成一番大事業。

理查．西爾斯原本是一個代客運送貨物的小商人。後來他開起一家雜貨店來，專做郵購業務，即顧客透過郵件訂貨，他透過郵寄的方式發貨。由於資本太少，只能提供有限的幾種商品中，他做了五年，生意仍無起色，每年只能做三四萬美元的業務。他想，必須與人合作，借助他人的力量，才能把生意做大。

非常湊巧的是，當他萌發出合作的念頭後，過不久就遇到了一個理想的合夥人。那是一個月色皎潔的晚上，西爾斯到郊外散步，突然遠處傳來了馬蹄聲。不一會兒，一個騎馬趕夜路的人來到西爾斯跟前，向他問路。此人名叫羅拜克，想到聖保羅去買東西，不料途中迷了路，此時已是人困馬乏。

西爾斯把羅拜克請到他的小店中住宿。當晚，兩人談得非常投機，於是決定合夥做生意，並成立一家以他們兩人的名字命名的公司，即西爾斯．羅拜克公司。西爾斯有五年經驗，羅拜克實力雄厚。兩人聯手，可謂相得益彰。合作第一年，公司的營業額達到四十萬美元，比西爾斯自己做時成長了十倍。

西爾斯和羅拜克都不懂經營管理，做點小生意還能支撐，生意大了就招架不住，兩人都有了力不從心的感覺。他們決定尋找一個總經理，代替他們進行管理。

於是，他們就開始費盡心思搜尋人才，終於找到了一個合格的總經理人選。這個人名叫陸華德，在經營管理方面很有一套。他們把公司大權全部授予陸華德，自己則退居幕後。

陸華德果然不負重託，接受任命後就兢兢業業的為公司效勞。他發現，做郵購業務與傳統生意不同，一旦顧客對購買的商品不滿意，退換貨很困難。如果不解決這個問題，很多顧客就會放棄郵購這種方式，公司的發展將受到很大阻礙。為此，陸華德嚴把進貨品質關，絕不讓劣質品混進公司的倉庫，以保證賣給顧客的每一件商品都「貨真價實」。

那些廠商竟聯合起來，拒絕向西爾斯．羅拜克公司供貨，因為他們認為陸華德對品質的要求過於苛刻。

這是一件決定公司前途的大事，陸華德拿不定主意，趕緊去找兩位老闆商量。西爾斯從內心深處讚賞陸華德的做法，給他打氣說：「你這些日子太辛苦了，如果能少賣幾樣東西，不是可以輕鬆一下嗎？」

陸華德受到鼓舞，更加堅定了嚴把品質關的決心。那些廠商見抵制無效，擔心生意被別的供應商搶走，最終不得不接受陸華德的品質標準。

陸華德刻意追求品質的經營策略，使西爾斯．羅拜克公司因此聲譽日隆，十年之中，它的營業額成長了六百多倍，高達數億美元。

西爾斯作為一個外行，能夠在短短十幾年間，從一個微不足道的小商人，變成一個全美國知名的大富豪，得益於他用人的成功。他的用人手腕其實很簡單：找到一個值得信賴的人，然後授予全權。這正是用人的唯一訣竅。

曾子說：「用師者王，用友者霸，用徒者亡。」成就大事的人，都不是孤軍奮戰者，他知道個人的能力再強也是微弱的，「好漢也要三個幫」，眾木成林，眾志成城。

王雪紅就是這樣一位借腦生財的成功者。她善於透過對別人的經驗進行借鑒綜合，從而找到一條更好的道路，將企業引向一種全新的境界。

在男性為主導的高科技世界裡，王雪紅卻開闢了一個自己的王國。這位罕見的女創業家、投資家，在華人世界裡幾乎無人能出其右，即便在美國，也少見這樣的女企業家。

在男性為主導的高科技世界裡，王雪紅卻開闢了她自己的王國，實現了她一改以男性為主導的產業格局的雄心。

王雪紅一手創立的威盛集團，其二〇〇三年的年收入已突破六百億元。從 IC 設計（威盛、威騰、威瀚）、半導體封裝測試（立衛、威宇）、硬體製造（宏達電、國威），一直到資訊網路（全達、建達、旭耀電通），連高科技產業上、中、下游，她均有重兵部署，她的事業版圖延伸到世界各地，這幾年的發展尤其明顯。

龐大的企業王國，便讓才四十多歲的王雪紅多年蟬聯臺灣女企業家的首富。雖然是著名商人王永慶的女兒，早期創業也得到父親的支援，但是王雪紅早已跳出父親的光環，自創新局。

王雪紅究竟是怎樣走向成功的呢？

善用人才的智慧，是她成就大事業的基礎。

王雪紅一九八一年畢業於柏克萊大學，拿到經濟碩士學位。現在她的手下是清一色的男性專業經理人，並且許多是能力非凡的工程師。這些得益於她有識人之明，並且真正做到授權，充分發揮手下人的才智。

威盛的陳文琦、林子牧，都是加州理工學院電機碩士，他們自創公司卻與股東理念不合，失意時被王雪紅發現，加入她購買的一家美國公司VIA。陳文琦規劃策略，王雪紅負責市場，林子牧在美國掌研發，鐵三角打造出今天的威盛。

隨著一個接一個下屬企業的創立，王雪紅事業的版圖清楚成形，王雪紅就是一位善借他山之石，為自己攻玉的人，她靠的就是充分發揮下屬的智慧，利用下屬的智慧，成為今天的臺灣第一女首富。

9　借他人之力，坐享其成

借助別人的力量或者假他人之手，除掉對手，成自己之謀的事情，在古代帝王爭奪天下的活動中，都是常見的手腕。從另一個角度來說也不失為人類智慧之一。

在春秋時期，衛國的州籲殺死同父異母的哥哥衛莊公，篡奪了皇位。但他怕百姓不服，就讓自己的好友石厚去向他的父親石碏求計。

石碏是衛國的老臣，早已辭官在家，聽說這件事後，想借他人之手除掉這個逆子。於是就說：「安定君位並不難，只要州籲去朝見周天子，取得合法地位，百姓也就沒什麼可說的了。」石厚問怎樣才能見到周天子，石碏告訴他們先去朝見陳桓公，讓他出面代為請求，就一定能夠達到目的了。同時，石碏又寫了一封信暗中派人送給陳桓公，列舉了州籲弒君篡位和石厚助紂為虐的罪行，說明自己年事已高，力不從心，請桓公趁機除掉他們。陳桓公見信心領神會，等州籲、石厚上門時，就把他們抓了起來，捎信給衛國，讓衛國派人處決了州籲和石厚。

當自己遇到難以處理的事情時，可以借助他人的手去做，無須自己親自動手，便可坐得其利，使他人不知不覺為我所用，這便是「假手於人借力打力」的真諦。

事實上，古今中外成功的借敵戰例數不勝數。戰國時期，鄭桓公準備攻打鄶國，先派人探查鄶國的英雄豪傑、忠臣良將和智謀高超、驍勇善戰的人，一一列出名單。並承諾一旦打下鄶國，將把鄶國的良田分送給他們，並分封官爵。然後，鄭桓公又在鄶國城外設立祭壇，把寫下的名單埋在土裡，以雞豬血祭之，對天盟誓，永不負約。鄶國國君知道此事後，以為自己有人要叛國，一怒之下，把鄭桓公所列名單上的人全都殺掉了。鄭桓公乘機興兵攻打鄶國，不費吹灰之力就奪取了鄶國。

假手於人，不僅可以借助友鄰之手達到自己的目的，而且可以借敵之力，以敵制敵。《兵經百篇借》中對借敵之術作了較全面的闡述。書中說：「艱於力則借敵之力，難於誅則借敵之刃，乏於財則借敵之財，缺於物則借敵之物，鮮軍將則借敵之軍將，不可智謀則借敵智謀。何以言之？吾欲為者誘敵役，則敵力借矣；吾欲斃者詭敵殲，則敵刃借矣；撫其所有，則為借敵財劫其儲；令彼自鬥，則為借敵之軍將；翻彼著為我著，因彼計成吾計，則為借敵之智謀。」意思是說：自己的力量不夠，就要設法借用敵人的力量；直接殺敵人有困難，就要設法借用敵人的刀斧；缺乏金錢，就要設法借用敵人的金錢；缺乏物資就要設法借用敵人的物資；自己缺乏兵將，就要設法借用敵人的兵將；自己智謀行不通的時候，就要設法借用敵人的智謀。

兵不鈍而利可全。在兵法中所說的「假手於人」的意思就是自己難以做到的事情，便利用他人的力量，去戰勝對手，自己不動干戈，坐享其成。

在古代複雜的軍事鬥爭中，智高一籌的謀略家，為了達到「兵不鈍而利可全」的目的，常常採取假手於人借力打力之術，利用外力去擊敗對手。

在武術格鬥中，借力打力是最高的境界；在官場中，借力打力則是最高的權謀。明代時朱元璋占領了太平後，元朝派大批人馬趕來圍攻。同時，另一處方山寨的所謂「義軍」幾萬人，在元帥陳某的率領下趁火打劫，也來進攻太平。

於是，朱元璋派徐達潛到方山寨「義軍」的背後，前後夾擊，結果，方山寨「義軍」大敗，陳某被擒。朱元璋收降了他，但他卻是假投降，對此朱元璋也有戒心。

朱元璋把陳某原來手下的兵馬給了張天澈，張天澈帶領著這些軍兵攻打集慶，結果是大敗而歸。原來，陳某曾暗中寫信給他的舊部下，說自己是假投降，要他們打仗不要出力，等自己脫身之後，再回過頭來對付朱元璋。

朱元璋知道這件事後，他沒有暴跳如雷，而是非常沉著冷靜，成功導演了一場一石三鳥的精彩好戲。

朱元璋找來陳某，對他說：「人各有志，如果你不願意為我服務，那就隨你的便，我朱元璋不會為難你。」陳某立刻反應過來，說自己絕無二心。

朱元璋順手推舟，就讓他帶著自己的舊部人馬去攻打集慶。陳某自然非常歡喜，他到了距集慶不遠的板橋後安營紮寨，派人去集慶城，與守將勾結在一起，根本不攻打集慶。

一轉眼到了九月，在朱元璋的精心安排下，張天澈和郭天敘帶著自己人馬趕到集慶，和陳某的兵馬一起進攻集慶。張天澈和郭天敘攻打的是東門，陳某假攻的是南門。

於是，集慶守將把大部分兵力集中在東門，抵抗張天澈、郭天敘兩人。他們攻城多次，都沒有結果。而陳某這邊，卻說要犒勞軍士，請張天澈和郭天敘到自己的營中來喝酒。就在宴會中，陳某抓住張、郭兩人，殺了張天澈，把郭天敘押到集慶，後來被集慶守將福壽處死。兩位主帥一死，陳某與福壽內外夾攻，義軍大敗。

朱元璋借陳某之手殺死了張天澈和郭天敘，成就了自己，把他們原來的兵馬全部轉到自己手下，而朱元璋也終於當上了義軍的最高頭領。

多年之後，朱元璋又重演了一回假手於人、借刀殺人的詭計。

在朱元璋消滅了陳友諒和張士誠之後，當時，朱元璋手下都希望他能盡快稱王做皇帝，但是，這其中卻橫亙著一個小明王。

雖然朱元璋聽了朱升「緩稱王」的建議，忍耐了很長時間，但是，一顆想當皇帝的野心使他坐臥不安。怎麼解決小明王這個問題呢？直接殺害小明王倒是易如反掌，可是畢竟太露骨，弄不好會招來很多麻煩。陳友諒當初就是直接殺害了徐壽輝稱帝的，結果手下卻是離心離德。

朱元璋吸取了陳友諒的教訓，想出了一個好辦法。有一天，他把大將廖永忠從戰場上召回來，讓他到滁州去，把小明王和文武大臣等接到應天（集慶）來，還故意提醒他說：「長江風大浪險，一不注意就會有生命危險，你接小明王要特別小心。」

廖永忠當時還不明白朱元璋的意思，出來後仔細一想，立刻就明白過來了。他從滁州接了小明王等人，從一個叫瓜洲的渡口過長江。當船行到長江中間時，廖永忠暗中派人把小明王的船鑿了個洞，韓林兒等人便沉到了滔滔長江之中，被活活淹死了。廖永忠回到應天后，還假稱長江風浪太大，把船打翻了。朱元璋也心照不宣的假意責備了他一番，讓他到戰場上將功贖罪。廖永忠因此立下了一件奇功。

這樣，小明王一死，朱元璋的所有顧慮都打消了。隨即，朱元璋便在應天開始修建皇宮。一三六八年，正式登基稱帝。

只要我們能以智取勝，懂得借力打力，很多時候，我們不費太多力氣，便能輕鬆達到我們期望的目標。

- **智慧經：**

借敵之力，以敵制敵。

利用他人的力量去戰勝對手，自己不動干戈，坐享其成。

自己的力量不夠，就要設法借用敵人的力量。

電子書購買

國家圖書館出版品預行編目資料

低調不是示弱，不露聲色表現自己：高明做人的 63 條精華法則，有能力到哪都會被重用 / 王郁陽，任學明著．-- 第一版．-- 臺北市：崧燁文化事業有限公司，2021.07

面；　公分

POD 版

ISBN 978-986-516-677-9(平裝)

1. 自我實現 2. 職場成功法

177.2　　110008378

低調不是示弱，不露聲色表現自己：高明做人的 63 條精華法則，有能力到哪都會被重用

臉書

作　　者：王郁陽、任學明

發 行 人：黃振庭

出 版 者：崧燁文化事業有限公司

發 行 者：崧燁文化事業有限公司

E-mail：sonbookservice@gmail.com

粉 絲 頁：https://www.facebook.com/sonbookss/

網　　址：https://sonbook.net/

地　　址：台北市中正區重慶南路一段六十一號八樓 815 室

Rm. 815, 8F., No.61, Sec. 1, Chongqing S. Rd., Zhongzheng Dist., Taipei City 100, Taiwan (R.O.C)

電　　話：(02)2370-3310　　傳　　真：(02) 2388-1990

印　　刷：京峯彩色印刷有限公司（京峰數位）

定　　價：380 元

發行日期：2021 年 07 月第一版

◎本書以 POD 印製